小林カツ代の
きょうも食べたいおかず

小林カツ代

河出書房新社

小林カツ代のきょうも食べたいおかず

河出文庫

小林カツ代の
きょうも食べたいおかず

小林カツ代

河出書房新社

まえがき

またまた、師匠・小林カツ代の声が聞こえてきました。

「並みでいいのよ。何の話かと言うと、豚汁に使う肉のことなんだけど」

師匠があの世へ旅立ったあと、ラジオや料理教室、講演会での料理の作り方に関する語りの部分を文章化した本は、『小林カツ代のおかず道場』に続き、２冊目となりました。

なるほどと思える料理のコツや、絶対はずせないポイントを、小林ならではの語り口の面白さを損なうことなく伝えつつ、この本では、小林カツ代キッチンスタジオでよく食べていたまかないのメニューや、師匠の味のルーツとも言える大阪の母の味、そして、意外かもしれませんが、よく作っていた酒の肴などを紹介しています。

ほんのちょっと、ダイジェストしていきましょう。

「ご飯に美味しいおかず」「あると嬉しいスープ」の章では、一汁一菜でも嬉しくなるような、体がよろこぶとともに、体をいたわってくれるような、そんなおかずを紹介しました。晩年、「ひと皿盛り」にするなど、どんどんシンプルになっていった師匠の食卓に通じるものがあるかもしれません。

「カツ代のまかないめし」の章では、私をはじめ、キッチンスタジオのスタッフの思い出が詰まったレシピを紹介しています。料理家やレストランの厨房で必ずと言っていいほどあるまかない。そのまかないのご飯を誰よりも楽しみにしてくれていたのは師匠でした。うまくできると、「あなた天才!」とほめ殺され、イマイチなものを作ると、「首がグラグラしてない?」と笑いながら注意され、どこに問題があったのか、どう作ったのかを、作った本人が解説したものです。必ずや、失敗には成功の鍵があるものです。鍵さえわかれば、次回はグラグラの首から天才へと一気に変わります。

そう、師匠が一番大事にしていたのは、最終的に美味しいことで、その「美味しい」には鍵となるコツやポイントがあり、そのコツやポイントには理由がある。理由がわかるためには知識がなければならない。

時短の元祖（当時は時短という言葉はなく、スピード料理といわれたのですが）だとか、大家のようにもいわれている師匠ですが、そのスピードには、「美味しい」を可能にする裏付けがあります。

読んでいただくとわかりますが、作り方や調味料はいたってアバウトな言い方です。でも、してはいけないこと、こうしてほしいということが、どの料理にも必ずあるのです。どうでもいいことは、「いいの、いいの！」というふうに記されているはずです。

「大阪の母の味」、そして、「ちょっと一杯。酒の肴」の章ですが、ここには師匠のルーツを垣間見るような料理が登場します。

師匠自身はお酒はめっぽう弱かったのですが、酒の肴が得意な人でした。幼い頃からお父さんの毎日の晩酌に、お母さんがまず一品、酒のあてを出していて、幼き師匠はお父さんの横で一緒に晩酌に付き合っていたと聞いたことがあります。

大阪のお母さんは、とても粋な一品を作る人だったそうです。例えば、普通なら辛子和《あ》えとするところを、ときにはワサビ和えにして、ハッとする味わいに。そんな小さなところで、師匠のレシピ作りの感性が育まれていったのかもしれません。

師匠もよく作ったという「青柳とわけぎのぬた」。和えずに上から酢味噌をかけると、水っぽくない上に見た目も美しくなる。さらに作り方をよく読むと、青柳を酢水で洗うというちょっとしたポイントが省略されていないのです。水ではなくて、酢水でなければ美しくならない。そんなほんの小さな差が、食べたときにどんなふうに味を左右するのか。是非、あなた自身で体験してみてください。

いろいろ解説したいところですが、どうぞ、美味しそうなページからお開きください。師の語りが、料理の実況中継にも似た、「ピャーッ」「シャッシャッシャッ」「クックツクツ……」といったオノマトペとともに登場します。一つひとつのレシピから美味しいコツを盗み取って、あなた自身のものにしてください。

この本の編集にあたり、励まし続けてくださった編集者の丹野未雪さん、ちょっと笑っちゃうようなあったかい猫のイラストを描いてくださった、イラストレーターの池田俊彦さんのお二人に、心より感謝申し上げます。

二〇一八年　春

本田明子（家庭料理家）

もくじ

あると嬉しいスープ

カツ代のまかないめし

大阪の母の味

MOTHER

小料理
カツ代

本書の使い方

塩は、現在さまざまなものが売られていて、口当たり、甘み、塩味加減などそれぞれに違いますが、粗塩がいいです。

ご飯は1合を180ミリリットルとして炊いています。

＊本文イラスト　池田俊彦

＊編集　丹野未雪

ご飯に美味しいおかず

あっさり味をよくするには

鶏のすき焼き風

先に肉に濃い味をつけちゃう
それが鶏すきのコツ

鶏のすき焼きって大阪ではあんまりしない。夫が東京の人だったので、結婚して初めて食べたんですよ。あっさりとしているので、キンカンや鶏レバーを入れるとすき焼きそのものの味がよくなります。私が若いスタッフに「キンカンも買ってきてね」って言ったら、「えっ、先生、果物のキンカン入れるんですか⁉」って言われたことがあったっけ。キンカンは、殻に入ってない生まれる前のニワトリさんの卵のこと。

さて作り方はすごく簡単です。材料は鶏肉と豆腐と白滝、玉ねぎ、あとね、三つ葉がよく合う。三つ葉の代わりに春菊でもいいですよ。本当はゴボウも入れると美味しいし、麩なんかもいい。

豆腐は１丁、できれば焼き豆腐が美味しいけど、木綿豆腐でもいい。奴に切ってください。大きめに、だいたい１丁を六〜八つに切る。白滝は１わ、食べやすい長さに切っておきます。玉ねぎは汁がいっぱい出るような切り方をしてください。二つに切ってから、切り口をまな板にペタッと寝かせて置いたら、半円の櫛みたいになるように根っこのほうに向かって薄切りにしていく。こうやって繊維を断つようにすると、トロッとして汁がいっぱい出るの。

鶏肉はもも肉を３００グラム、一口大に切ります。スーパーなんかでよく売っている、「唐揚げ用」の一口大よりも、親子丼用ぐらいのちょっと小さい一口大がいい。鶏レバーは１００グラム、一口大に切ります。いろんなところが混ぜこぜで入っているモツよりレバーだけのほうが向いてる。鶏肉よりも量は少ないほうがいいです。嫌いなら入れなくていい。キンカンは４個、あれば入れてください。で、鶏レバーとキンカンはよく水洗いします。

鍋はね、すき焼き鍋がある人は是非活躍させて。ない人は平べったい鍋がいいと思うの。鍋の材質が鉄だと結構よくできます。この本でも何回もこの表現が出てくると思うけれど、必ず鍋をちょっと濡らしておく。これ、いろいろな料理で役立つから、是非覚えておいてほしいんです。

ちょっと濡らした鍋に調味料を入れていきます。醬油、酒、みりん、水、各大さじ3ずつ入れます。鶏肉100グラムの分量に対して各大さじ1がいいので、鶏肉が300グラムだったら各大さじ3なんですね。そして、煮汁をウワァーッと煮立てて、鶏肉、レバー、キンカンを入れて。先に肉に濃い味をつけちゃうの。それが鶏すきのコツ。

鶏肉の色がすっかり変わったら、豆腐、白滝を入れます。クツクツクツクツ……となって全体に火が通ってきたら、玉ねぎ、三つ葉を入れます。クツクツクツクツ……と煮ながら、アツアツを食べます。溶き卵をつけて食べても美味しい。

鶏のすき焼き風

2人分

【材料】
鶏もも肉　1枚（300g）
鶏レバー　100g
キンカン　4個
焼き豆腐または木綿豆腐　1丁（300g）
白滝　1わ
玉ねぎ　1個（200g）
三つ葉　1わ（50g）
煮汁
- 醬油　大さじ3
- 酒　大さじ3
- みりん　大さじ3
- 水　大さじ3

【作り方】
①豆腐は奴（1丁が6～8等分の四角い形）に切り、白滝は食べよい長さに切る。
②玉ねぎは縦2つに切って、繊維を断つように薄切りにする。三つ葉は3～4cm長さに切る。
③鶏肉とレバーは一口大に切って、レバーとキンカンはよく水で洗う。
④鍋に煮汁の材料を煮立てて鶏肉、レバーとキンカンを入れて煮る。
⑤肉の色が完全に変わったら、豆腐、白滝を入れ、全体に火が通ったら、玉ねぎ、三つ葉を加えてクツクツ煮ながら食べる。

「ピリッ辛ッ」って言われたい

豆腐とエビのピリッ辛ッ

豆板醤を小さじ1に長ねぎ、そしてエビ
すぐにいじらない。静かに願います

豆腐をたっぷり、ちょっとヘルシーな「豆腐とエビのピリッ辛ッ」をお教えします。「ピリ辛」って言われたくないの。「ピリッ辛ッ」って言われたい。

豆腐は木綿でも絹でもいいんですけど、どちらかと言うと、絹ごし豆腐のほうが好きかな。どこのでも、そんなご大層なものでなくていいから。お取り寄せなんてのでなくて、その辺のスーパーで売ってるのでいいの。好きなのでいいです。

豆腐は1丁、縦二つに切ってから、だいたい2センチぐらいにジャカジャカジャカと切ってください。切るのが面倒だったら、炒める直前にカレースプーンなんかですくって入れてもいいです。

それでね、エビは冷凍で売ってるような剝きエビが楽なんですけど、小さいエビがいいです。小さいと言っても小指の先ほどじゃ困りますけど。ただし、冷凍のものを買うときには、有塩でないものにしてください。どういうわけか塩漬けみたいなのがあって、いくら塩抜きをしてもダメなの。有塩のものにはすごく透明感があるんだけど、魚屋さんに聞いたり、パッケージの裏を見て確認してください。剝きエビは100グラム用意します。だいたい片手にのっかるぐらいね。

そして、長ねぎのみじん切りをたっぷりと用意します。1/2本ぶんは入れたい。

フライパンか中華鍋にごま油をピャーッとやります。ピャーッ、っていうのはね、誰の呼吸でもだいたい大さじ1なの。そこへ、豆板醬小さじ1、長ねぎを入れて中火で炒めます。いい香りがしてきますね。エビをジャッと入れます。すぐにいじっちゃダメ。静かに願います。まずはくっつかせといていいですから。

色が変わってきたら、酒大さじ1、砂糖小さじ1、塩小さじ1/4を入れます。

ジャーッと油や水気が飛ぶから気をつけて。火をちょっと弱めるか、止めて入れてもいいです。

調味料を入れると、鍋肌にくっついていたエビがポコンポコンと外れやすくなります。ジャッジャッジャッ……と炒めてください。豆腐をビャッと入れて火を強めます。そしたら、そこへ湯を1/2カップ、ピョーッと入れてください。ヒタヒタよりちょっと少なめぐらい。アツアツアツアツ、ホッホッホッホッとなってきたら、水溶き片栗粉を入れてとろみをつけます。そんなにしょっちゅう混ぜないで大丈夫です。エビと豆腐とがうまく合体していきますよ。ただし、最後はしっかりひと混ぜ。味をちょっとみまして、できあがり。

食べたら、「ピリッ辛ッ」になっている。アツアツをご飯にかけても美味しい。

豆腐とエビのピリッ辛ッ

2人分

【材料】　絹ごし豆腐　1丁（400g）
剝きエビ　100g
長ねぎ（みじん切り）　1/2本
ごま油　大さじ1
豆板醬　小さじ1
酒　大さじ1
砂糖　小さじ1
塩　小さじ1/4
湯　1/2カップ
水溶き片栗粉　｛片栗粉　小さじ1
　　　　　　　　水　小さじ1

【作り方】　①豆腐は縦2つに切ってから、2cm幅に切る。
②フライパンにごま油、豆板醬、長ねぎを入れて中火で炒める。
③いい香りがしてきたらエビを加えて、色が変わったら、酒、砂糖、塩を加えて炒める。豆腐を入れて火を強め、分量の湯を加える。
④全体がアツアツになったら、水溶き片栗粉でとろみをつける。

チーズが蓋なんです

鱈ときのこのチーズ焼き

シュレッドタイプでもスライスでも
味付けは鱈の塩気とチーズで十分

魚偏に雪と書く鱈《たら》。昔、関西ではあまり鱈とか銀鱈を食べなかった。冬から春の白身魚と言えば鯛《たい》なんです。私は鱈があまり好きじゃなかったんですけど、東京に来てからお財布との関係で好きになりました。安いし美味しい。鍋に入れてもいいしね。鱈を使った料理をお教えします。「鱈ときのこのチーズ焼き」、もう簡単至極。

鱈は2切れ用意します。きのこは、エリンギとかしめじをたっぷり用意します。と言うのは、鱈の塩味で食べようと思うから、鱈が隠れるくらいほしい。きのこは生椎茸とか舞茸とか、あればなんでもいいです。石突きを切り落としたあとはあんまり包丁は使わずにピョッピョッと裂いてね。

今、ほとんどのきのこが綺麗な環境で作られていますから、洗わずにすぐ使えます。逆にね、水を吸ってしまったきのこは味がガタ落ちになるので、ご注意をば。

耐熱皿やグラタン皿の内側を水でちょっと濡らします。持っていない人はアルミホイルを25センチの長さにピョーッと切るの。それを水でちょっと濡らすの。焦げつかないように油を塗る人もいるけど、水でいいですからね。そこへ直接、鱒を置く。あれば茹でブロッコリーを6～8房並べます。そしてきのこを上にかぶせるようにのせます。そして白ワイン大さじ2をピョッピョッとかける。なければ酒でもいいです。バターを真ん中にのせて、溶けるチーズを目一杯広げます。私、わりとシュレッドタイプのが好きだけど、食パンにのせたらちょうどよいサイズのスライスチーズでもいい。味付けは鱒の塩気とチーズで十分なんです。

アルミホイルの人は、チーズがくっつかないように上は包まず、開いたまま焼きます。チーズが蓋なんです。

そしたら230度のオーブンで10〜15分こんがり焼き上げます。オーブントースターで焼く場合は6〜7分焼く。

ご飯のおかずにしたかったら、ミスマッチに思えるけれど、ちょっと醬油を落として食べるとよく合います。

鱈ときのこのチーズ焼き

2人分

【材料】　鱈（甘塩）　2切れ
エリンギ　1本（50g）
しめじ　小1パック（100g）
生椎茸　4枚
茹でブロッコリー　6〜8房（生で100g）
白ワインまたは日本酒　大さじ2
バター　小さじ1
溶けるチーズ　1/2〜3/4カップ（30〜50g）

【作り方】　①きのこは石突きの硬いところを切り落とし、食べよい大きさに切る。
②耐熱器か25cm長さに切ったアルミホイルの内側を水で少し濡らし、そこへ直接、鱈を置く。
③茹でブロッコリーを並べ、きのこをかぶせるようにのせる。
④白ワインまたは酒を振りかけ、バターを真ん中にのせる。上にチーズを広げ、230度のオーブンで10〜15分こんがりと焼き上げる。

白味噌でも赤味噌でも好きなの

鶏の柚子味噌焼き

たったこれだけで、どうしてこんなに
焼けた味噌が美味しいの

私、残念なことがあったの。出かけるときに、近所で柚子の木を売ってたのを見かけたの。実よりも木を買うほうが安いかなって計算をして、でも急いでたから帰りに買おうと思ってたの。そしたら、同じことを考える人がいるのね。売り切れてた……。庭のある人は1本あるといいですよ。

今日は「鶏の柚子味噌焼き」を作ろうと思います。まず鶏はもも肉がいいです。大1枚、だいたい300グラムを用意します。余分な脂、周りに見える黄色い脂をピョッピョッと取って、肉の厚さが同じぐらいになるようにしたいので、包丁で縦に何カ所か切り目を入れて広げてから二つに切ります。そのもも肉に、塩を薄くピュピュピュピュと振ってください。薄塩よ、本当に薄塩。と言うのは、あとで味噌をつけるから。で、サラダ油かオリーブオイル、好きな風味の油を小さじ2、肉に絡ませる。しばらく置いておくと柔らかくなるの。冷蔵庫で一晩置いてもいいけど、すぐ食べたいから5分くらい。

そしてフライパンでバッと焼くんだけども、中火で必ず皮のほうから焼くの。皮がこんがりきつね色になって、カリリッと焼けたら裏返します。蓋をしてジュワーッと焼きます。そんなに弱火にしてはいけませんよ。中火ぐらいで焼く。

鶏肉を焼いてる間に柚子味噌の用意をしておきましょう。柚子は皮をスリスリスリスリとすっておいてください。刻んでもいいですよ、面倒な人はね。分量は小さじ1/2ぐらい。味噌大さじ1、みりん大さじ1/2を混ぜ合わせます。味噌は白味噌でも赤味噌でも、自分の好きなのでいいです。自分の気持ちでちょっと緩いなと思うぐらいの硬さにして、甘いのが好きな人は砂糖小さじ1/2を加えてください。そこへ柚子をピャッピャッピャッピャッと入れます。

さあ、鶏肉が焼けてきました。竹串を刺してみて、中から汁が出なくて、その竹串をちょっとほっぺで触ってみて、アチッて言うぐらいだったら、また皮を下にしてください。もう一度焼きます。カリリッと焼けたら、食べよく切ります。で、これをオーブンかオーブントースターでまた焼くんです。天板に皮目を上にして並べて、そこへ柚子味噌をチャーッと塗ります。230度のオーブンで2分くらい焼きます。これね、焼けた味噌が美味しいの。香りがブワァーッと出てね、たったこれだけで、どうしてこんなに美味しいのかという……。

付け合わせには焼いた長ねぎがよく合う。茹でたほうれん草も合います。

鶏の柚子味噌焼き

2人分

【材料】　鶏もも肉　1枚（300g）
塩　ひとつまみ
サラダ油またはオリーブオイル　小さじ2
柚子味噌
- 味噌　大さじ1
- みりん　大さじ1/2
- 砂糖　小さじ1/2（甘いのが好きな人だけ）
- 柚子皮のすりおろし　小さじ1/2

【作り方】
①鶏もも肉は脂を取り除き、厚みのあるところに数カ所切り目を入れて、肉の厚みを均一にして2つに切る。
②肉全体に塩少々を振り、油を絡めて5分くらい置く。冷蔵庫で一晩置いてもいい。
③フライパンを熱し、鶏肉を中火で皮から焼きはじめる。皮がこんがりカリリッと焼けたら、裏返して蓋をして焼く。
④焼いている間に柚子味噌の材料を混ぜ合わせる。
⑤鶏肉が焼けたら、もう1度皮目をカリリッと焼き、取り出して食べよく切る。オーブンかトースターの天板に皮目を上にしてのせ、柚子味噌を塗って、230度で2分ほど焼く。

煮汁は絶対少なく

生鮭のコテッと煮

魚はちょっと味を濃く
里芋に味はつけない

魚の煮つけって、大変だと思って敬遠する人が多いけど、スピード料理だってことご存知？　是非やってみてほしいんです。

塩鮭に比べて安く売ってる生鮭で煮魚を作りましょう。意外かもしれないけど、ムニエルだけじゃない。生鮭の特質を生かして、「コテッ」と煮ると美味しいんです。味を濃く煮ると言っても、あんまり濃く煮るわけじゃないんだけど、いまどきうるさい人がいっぱいいてね、塩分を摂りすぎだとか……もうボケまっしぐらみたいなボケ味の人がいるんですよ。魚はちょっと味を濃くして、おひたしはちょっと薄めとか、そんなふうにバランスを取ればいいのに。

この「生鮭のコテッと煮」にとっても合う付け合わせがあるの。鮭が旬の秋は、里芋が美味しい時期でしょ？　旬と旬はやっぱり合うんです。

先に付け合わせの用意をしましょう。里芋を綺麗に洗って皮は剝かないで丸のまま、ヒタヒタの水でコトコト、柔らかく茹でておきます。スーッと竹串が通るぐらいになったら、皮がツルンツルンと衣《きぬ》かつぎみたいに取れます。いんげんは5〜6本、一緒に茹でる。火を通す程度にしてください。

生鮭は2切れを用意します。1切れを二つに切って、キッチンペーパーで水気を拭いておきます。

煮汁を作ります。魚を煮る第一の原則は、煮汁が煮立っているところへ入れること。すっごい覚えやすい分量を書きます。2切れだったらね、酒を大さじ4ぐらい使うほうが美味しいの。醬油とみりんはその半分の量。ということは、生鮭1切れに対して、酒は大さじ2、醬油は大さじ1、みりんは大さじ1。2切れならその倍。ところがね、3切れ煮るとき、醬油とみりんが大さじ3と思うと多すぎるんです。大さじ2でいいの。それが料理のちょっと難しい、微妙で面白いところなんですね。

煮汁を入れた鍋を強火にかけます。煮汁がビャーッと泡立つようにフツフツしてきたら、生鮭をペロッ、ペロッと1切れずつ入れるの。隙間があったら長ねぎなんか斜め薄切りにして入れても美味しいですよ。煮汁は絶対少なくしてくださいね。コテッとだから。強火で最初5分ぐらい煮ます。コトコトコトコト……裏返して中火でコトコトコトコト……2~3分煮ます。全部で7~8分でできちゃう。

ここからなの。さっきの里芋の出番なの。里芋は大きかったら二つに切ります。盛りつけるとき、鮭の横に里芋を置く。そして、いんげん、長ねぎを添える。里芋に味はつけない。これがミソ。コテッとした汁と一緒に食べるわけ。里芋を一人で2~3個食べたくなっちゃう美味しさです。

生鮭のコテッと煮

2人分

【材料】　生鮭　2切れ

煮汁　┌酒　大さじ4
　　　│醤油　大さじ2
　　　└みりん　大さじ2

里芋　2～3個

いんげん　5～6本

【作り方】　①里芋は綺麗に洗って皮ごとヒタヒタの水で柔らかく茹でる。茹で上がり際に長さを2つに切ったいんげんも加えて一緒に火を通す。粗熱がとれたら里芋の皮を剝く。

②鮭は1切れを2つに切って、キッチンペーパーで水気を拭く。

③鍋に煮汁を煮立て、フツフツしているところに鮭を並べ入れる。強火で5分ほど煮たら、裏返して中火で2～3分煮る。器に盛りつけ、茹でた里芋といんげんを添える。

端っこが残っちゃった人へ

大根の炒め煮

ウワァーッと、水分を残さない
ちょっと変わった料理

大根って、しっぽと上のほうでは、しっぽのほうが辛い。1本買って、真ん中から使って端っこのほうが残っちゃったということがあるんです、私。そういう人のための料理なんですけれど、ちょっと変わった「大根の炒め煮」と言うの。

大根は15センチ、500グラムぐらいを用意します。皮ごとでいいですから一口大の乱切りにする。乱切りはね、太い大根なら縦に四つに切って、私の足のように細い大根だったらそのままでいい。それをクリクリ回しながらコトンコトンと包丁を落としていくの。切り口が乱れていくわけです。でも、バラバラで何でもありっていう「乱れ」ではないの。立派な理由のある切り方なんです。乱切りって私、大好きなの。味がよくしみるし、噛みやすい。

豚肉はバラ肉がいいですね。150グラム、食べよく切っておきます。

鍋にごま油をピャーッとやりますね。ピャーッは大さじ1ですよ。強めの中火で大根をチャッチャッチャッとよーく炒めます。全体がアツアツになってきたら、大根をちょっとそこどいてよって、片側へ寄せます。空いたところで豚肉をジャーッと炒めます。肉が鍋にくっつかなくなるくらいよーく炒まったら、大根と一緒にジャッジャッジャッ……もうしつこいぐらい、せっせと炒めます。あめ色、べっ甲色になってきて、だんだん透き通ったような感じになったら水1・5カップを加える。この場合、湯ではなく水がいいです。と言うのは、湯だと早く煮上がっちゃって、煮汁が足りなくなるから。水だとゆっくり火が入って甘くなる。

そしたら醤油、みりんを各大さじ1、酒大さじ2を入れます。酒は臭み抜けにもなる。輪切りの赤唐辛子小さじ1/2を入れます。ちょっと味をみてみますと、やや辛めの味。蓋をして、強めの中火で10〜15分ぐらい煮る。あともう少し煮たほうがいいかなというときに、水分が足りなくなったら湯を足します。途中足すときは湯、と覚えて。味が落ちないですから。

仕上げはとにかくほとんど煮詰めちゃうんです。まだピチャピチャ煮汁が残っているのに大根が柔らかく煮えていたら、蓋を開けて強火でウワァーッとやっちゃってください。大根が柔らかくなったら、蓋をして火を止め、5〜10分蒸らします。じんわり味がしみ込んで、美味しいですよ。

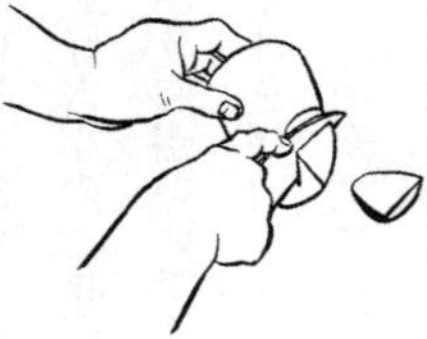

乱切りは、大きさは同じで、
切り口がたくさんある切り方

大根の炒め煮

2人分

【材料】　大根　15 cm（450〜500 g）
豚バラかたまり肉　150 g
ごま油　大さじ1
水　1.5カップ
醤油　大さじ1
みりん　大さじ1
酒　大さじ2
赤唐辛子（輪切り）　小さじ1/2

【作り方】　①大根は皮ごと大きめの一口大に乱切りにする。豚肉は食べやすい大きさに切る。
②鍋にごま油を熱し、強めの中火で大根を炒める。
③全体がアツアツになってきたら大根を寄せて鍋底を空けて、豚肉を並べ入れる。1分くらいそのまま焼いたら、大根と豚肉を一緒に炒める。
④せっせと炒めているうち、大根の色が白から少しあめ色になる。分量の水を加える。続いて醤油、みりん、酒、赤唐辛子を加える。蓋をして、火は強めの中火のまま煮汁がほとんどなくなるまで10〜15分煮る。
⑤大根が柔らかくなったら、蓋をして火を止める。5〜10分そのまま蒸らすと、味がじんわりしみ込む。

何々入れちゃダメ？ ダメなの

豚肉の塩炒め

茹でたもやしを添える
炒めた豚肉に柚子こしょうをつけて

豚肉を使ったおかずを作りましょ。実に美味しい「豚肉の塩炒め」です。冬から春に向かうとき、私、よく食べちゃうんだ。どんどん体が芽吹いていかなきゃいけない時期だから、豚肉はビタミンB１が多いからちょうどいいのね。バラ肉の薄切りを３００グラム用意します。豚の脂がほしいの。肩ロースでもいいです。豚肉以外には何も入れません。すぐに「何々入れちゃダメ？」とか言う人、よくいるでしょ？　ダメなの。豚肉だけの塩炒めよ。

これだけだとおかずにならないから、もやしを別に茹でておいてください。炒めたもやしでもいいけど、これに関しては茹でたもやしがいいな。もやし1袋ぐらいでいいです。3カップの水を沸かしたら塩小さじ1/2を入れ、サッと茹でてザルにあげて水気を切っておきます。

では豚肉を炒めましょう。

フライパンか中華鍋を熱します。フッ素樹脂加工のものより、できれば鉄のほうがいいですね。

ごま油を小さじ2入れます。普通のサラダ油でもいい。そして豚の薄切り肉をパッと入れる。肉をいじらないで、すぐ塩を入れる。これがコツ。肉の色が変わって、つまり、タンパク質が固まるまでちょっと待ってから、ジャッジャッジャッジャッと炒めていく。どういうことになってくるかというと、脂がどんどん、どんどん出てきます。私も炒められたいくらいですよ。もし気になるなら、出てきた脂をペーパータオルで取って。ティッシュペーパーはダメ。くっついちゃうから。でもあんまり取りすぎないでね。カラッカラになっちゃうからね。私だってほら、脂が少しあるからふくよかなんじゃありませんか。

それでよく炒まったら、皿に盛りつけます。茹でたもやしを横に添える。ここからなんですよ。この炒めた豚肉に、柚子こしょうをつけて食べる。もやしを肉で巻くようにして食べる。食べすぎるぐらい食べてしまいます。

柚子こしょうは、デパートの食品売り場とかスーパーマーケットで売ってます。西日本のほうに行くと、手作りのものがよく朝市なんかで並んでますね。

柚子こしょうというのは、「こしょう」って言ってるけど唐辛子なんです。それから、かんずりという調味料もあるんです。柚子こしょうとまたちょっと違う味ですけど、これも辛いの。これと肉がすごく合う。書いてるうちに食べたくなってきちゃった……。

豚肉の塩炒め

２人分

【材料】　豚バラ薄切り肉　300ｇ
塩　小さじ1/2
ごま油　小さじ２
柚子こしょう　少々
もやし　１袋（200ｇ）

【作り方】　①湯３カップを沸かし、塩小さじ1/2（分量外）を加え、もやしをサッと茹でて、ザルにあげて水気を切る。
②フライパンにごま油を熱して豚肉を広げて並べ、すぐに全体に塩小さじ1/2を振り、中火で焼く。
③豚肉の色が変わり、裏が焼けてきたら全体をよく炒める。
④豚肉から脂が出てきて肉に火が通ったら、もやしと一緒に器に盛りつけ、柚子こしょうを添える。
⑤豚肉にピッと柚子こしょうをつけ、もやしを肉で巻いて食べる。

何が何でも大っきくして
広げて広げてチキンカツ

縦に包丁をピャッピャッと入れる
そしたらすりこぎでパンパン

ちょっとごちそうが食べたいときにいいもの。とっても簡単で、私が大好きな料理なんですけども、「広げて広げてチキンカツ」って言うの。肉を伸ばすんじゃなくて広げるの。

鶏肉は1枚用意します。あまり大きいのを買うと、もうほんと、食べきれないほど大きくなっちゃうから、一人150グラムぐらいにしたいので、二人だったら1枚300グラムぐらいのにしてくださいね。もう、ももでも胸でも好きなほうをパッと買う。

肉にスーッと包丁で切り目を入れて、できるだけ薄ーく広げます。難しい場合は、縦に包丁をピャッピャッと入れるだけでもそれなりに広がっていきます。そしたらすりこぎでパンパンパン……と叩いて、広げて、広げて。とにかく、何が何でも広げていくんです。上から見ると倍ぐらいに大っきくなっています。

　で、塩とこしょうをパラパラパラパラッと振ります。私ね、昔、あるテレビ番組で「白こしょう」って自分で言っておきながら普通の茶色っぽいこしょうにしちゃって、揚げてからも色がにじみ出て下品だったから、できればやっぱり白こしょうがいいと思うんですね。

　塩、こしょうをしたら、小麦粉、溶き卵、パン粉をつけて油で揚げます。肉がものすごく広がっているから、2枚ぐらいしか一度に揚げられないけれども、油はわりとヒタヒタめでいいです。で、皮を下にして油に入れてください。じっくり、じっくり、じっくり……これがコツよ。こんがりと綺麗な色になるまでよ。裏返して、またじっくりじっくり……。そしたら箸で何回か空気に当ててください。そうするとパリパリするの。空気を当てれば当てるほど、そこから蒸気が上がるから。

さあ、揚がった揚がった。皿に好みの付け合わせと一緒に盛りつけます。人参のグラッセ、ほうれん草のバター炒め、マッシュポテトなんかが合います。トマトやレタス、パセリなんかもいい。

ウスターソース、マヨネーズ、好きなソースをかけて食べます。これね、アツアツのうちにバターをチョコチョコッと置くと美味しい。そこにピーナッツをふきんに包んでパンパンパンと細かくしたのを振りかけたりしてもいい。

薄ーいから、お年寄りにも子どもにも、とっても食べやすい「広げて広げてチキンカツ」です。

広げて広げてチキンカツ

２人分

【材料】　鶏肉（もも肉でも胸肉でも）　１枚（300 g）
塩　適量
白こしょう　適量
揚げ油　適量
衣　小麦粉　適量
溶き卵　１個分
パン粉　適量

【作り方】　①鶏肉は、もも肉の場合は厚いところを、胸肉の場合は繊維にそって切り目を入れて開いて、厚みがもとの半分くらいになるまで広げる。
②広げた肉を半分に切り、全体に塩、白こしょうを振る。
③肉に小麦粉、溶き卵、パン粉の順に衣をつける。
④揚げ油を中温に熱し、肉の皮目を下にして、③を入れてじっくり揚げる。衣が落ち着いてきたら裏返す。
⑤きつね色にカラリとなったら油を切って引き上げる。好みの付け合わせを添えて器に盛り、好きなソースで食べる。

「照り焼き」じゃない理由

ぶりの焼き照り

ホントの名前はヤキテリ

焼いた魚をチャポン

ぶりの照り焼き、大好きなんですけどね、焼くのに気を使うし、なかなか大変なので、ふだん「焼き照り」っていうのをするの。照り焼きじゃなくて、焼き照り。簡単で美味しい。

照り焼きのちゃんとした作り方を一応お教えしておきます。ぶりの切り身に下味をつけて、串に刺す。それで焼いて、たれをつけては焼き、つけては焼きするのが照り焼きなんですよ。これ、なかなか家庭では難しいよね。いまはロースターで焼くからちょっと違う。

で、焼き照りの作り方。まず、たれを作ります。砂糖小さじ1、醤油、みりんは各大さじ1・5ずつ合わせる。焼いたらすぐチャポンと浸けますから。

ぶりは2切れ用意します。腹のほうの脂の多いところでも、背のほうの脂ののってないほうでも、好きなほうね。私は腹のほうが好き。魚の脂はものすっごくいいんです。ドコサヘキサクチャクチャ……ドコサヘキサエン酸なんていってね、すごくいいの。

フライパンにサラダ油小さじ1/4を、薄ーく、もう薄ーく引きます。ぶりは塩も何もしないで、そのまんま普通に表裏を焼いてください。ちょっと焦げ目ができるまで焼くわけ。またね、魚の皮が美味しいわねぇ。その焦げがたれに入ってくると照り焼きそっくりになるんです。

フライパンの空いているところで付け合わせの野菜を焼きます。生椎茸、長ねぎ、しし唐辛子なんかが合います。ぶりより先に焼けますから、先に皿に盛りつけておきます。

で、魚が焼けたらたれに浸ける。浸けてからたれを煮詰めてもかまわない。トロッと料亭風にしようと思えば、たれを先に煮立てて、少し煮詰めておいて、それから魚を焼いてチャポンと浸ける。香ばしくてすごくいいの。盛りつけるときに、たれを上からかけます。刷毛があればたれを塗って。あとね、大根おろしを付け合わせにしてもいいし、それから、はじかみもいいね。はじかみは、生姜の細いようなのを梅酢に漬けた新生姜みたいなもの。ぶりに合いますよ。

ぶりの焼き照り

2人分

【材料】　ぶり　2切れ
生椎茸　小4枚
長ねぎ　8cm
しし唐辛子　4本
サラダ油　小さじ1/4
たれ ｛砂糖　小さじ1
醬油　大さじ1.5
みりん　大さじ1.5

【作り方】
①生椎茸は石突きを切り落とし、長ねぎは4cm長さに切る。しし唐辛子はヘタを短く切る。
②ぶりは水気を拭き、たれの材料は混ぜ合わせておく。
③フライパンにサラダ油を引いて中火で温め、ぶりを並べ入れて焼く。いい焼き色がついたら裏返す。
④空いているところで①の野菜をぶりと一緒に焼きながら、焼けたら先に取り出して器に盛りつける。
⑤ぶりも両面焼けたら取り出し、すぐにたれに浸けて絡めてから、④の器に盛りつける。
⑥空いたフライパンに⑤のたれを入れて中火にかけ、少し煮詰めてぶりにかける。

お口の中で仕上がる

麻婆ほうれん草

炒めたほうれん草を皿の上に
ピリリと辛い豆腐をさらにその上に

出張に行くとどうしても外食になる。外食をすると、やっぱり野菜が少ないんでね、私ね、茹でただけのほうれん草とか小松菜とかを売ってほしいなって思ってた。そしたら、いまは冷凍で茹でたほうれん草が売っていて、チンすればいいのがあるんですね。

一人暮らしなんかだと、1わ茹でちゃったら余るんです。残ったら、明くる日もまたおひたしっていうより、目先が変わるおかずを作ろうと思います。「麻婆ほうれん草」、美味しそうでしょ。

まず最初に麻婆豆腐を作っちゃいますね。フライパンを熱して、ごま油を小さじ2、回し入れます。そこへ豚挽き肉１００グラムを入れます。これは二人分の分量だけど、四人分作るときでも１００グラムにしてください。挽き肉を入れたらすぐ調味料も入れます。味噌、醤油、酒、各大さじ1。そして豆板醤は、辛いのが好きな人は小さじ1入れちゃう。子どものいるところでは、入れない。そして、一所懸命セッセセッセセッセ……炒めます。炒まってきたところに、木綿豆腐一丁をさいの目にチャチャチャチャと切って入れます。切るのが面倒だったら、お玉かなんかでビュッビュッビュッて削ぐように適当な大きさにすくってもかまわない。

豆腐をサッと炒めて水$\frac{3}{4}$カップを入れます。フツフツ……完全に肉が煮えなきゃいけませんよ。水が少なかったら湯を差して味をみます。普段の麻婆豆腐より、ちょっと濃いめの味にしてください。あとからほうれん草が入るからね。そして、水溶き片栗粉を加えてとろみをつけます。

で、茹でたほうれん草を2～3センチの長さに切ります。ちょっと細かめに、あんまり長くないほうがいいです。別のフライパンを熱して、ごま油でにんにくとほうれん草を炒めます。ここが美味のコツ！　茹でたほうれん草そのままでも美味しいんだけどね。炒めたほうれん草を皿に盛りつけて、さっき作った麻婆豆腐を上にかけて食べる。すごく美味しい。ご飯にのっけて食べてもいいよ。麻婆豆腐とほうれん草はもちろん混ぜながら食べていいんですけど、混ぜちゃうとほうれん草の色が変わっちゃうので、その日のうちに食べてしまいたい。

たまに、麻婆豆腐の素でも作れますか？　と聞かれるのだけど、私、使ったことないのと、素がなくてもすぐできてしまうおかずなので、ちょっとわからないのです。

麻婆ほうれん草

2人分

【材料】 豚挽き肉　100g
木綿豆腐　1丁（300g）
A ｛味噌　大さじ1
醤油　大さじ1
酒　大さじ1
豆板醤　小さじ1
B ｛片栗粉　小さじ1.5
水　小さじ1.5
茹でたほうれん草　1わ分（200g）
にんにく（すりおろし）　少々
ごま油　小さじ4

【作り方】 ①フライパンを熱し、ごま油小さじ2で豚挽き肉を炒める。すぐにAを加えて炒める。
②いい香りがして、肉がコテッとしたら、さいの目に切った豆腐を加えて、サッと炒める。
③水カップ3/4（分量外）を加え、フツフツしてきたらBを加えて、とろみをつける。
④茹でたほうれん草は2～3cm長さに切る。
⑤中華鍋かフライパンにごま油小さじ2とにんにくを入れて中火にかけ、いい香りがしてきたら、ほうれん草を加えて強火で炒め、器に盛りつける。
⑥③をもう一度アツアツにして、ほうれん草にかける。

減塩しなくてもいいんです

フキとなまり節の田舎煮

ちょっとしょっぱいなっていう味にして
下茹でしたフキ、生姜の千切りをドバッ

「フキとなまり節の田舎煮」っていうのをしたいんですけどね、ただね、なまり節って言うと、食べたことがないって言う人がいるの。知ってるかしら、みなさんは？　大阪では「なまり節」なのよね。「生」という字に「節」と書く。言わば半生の節ですよ、っていうことでしょうね。鰹《かつお》を新鮮なうちに蒸してあるんですよ。だから案外腐りやすいことは腐りやすい。昔は魚屋さんにほかの切り身と一緒に並んでいたんです。パックされて売っているのもあります。それはちょっと硬いですけどね。

私がお教えしたいと思っているのは、魚屋さんで「なまり節」って売ってるものので作るおかずです。

これをフキと煮るんです。春、春、春だという季節に旬のフキ料理。美味しいですよ。

なまり節は一人1切れはちょっと多いように思うんですけど、二人で1切れもちょっと少ないしね、まあいいわ、一人1切れで。ざっと熱湯を回しかけて、食べやすいよう手で裂きます。

フキの下ごしらえ、昔は……って、いまもそうする人がいるんだと思うけど、塩をゴシゴシまぶして、そして下茹でしてから皮を剝くっていうやり方だったんです。でも、私のフキの下ごしらえはね、生のうちにシャーッと皮を剝いてから下茹でするというやり方。こうすると、ほとんど濡れゴミにならないでしょ。剝くときにちょっと手先に酢をつけると、手が黒くなりません。

そういうわけで、フキの皮を剝いて5～6センチの長さに切り、硬めに下茹でします。

煮汁はね、酒、みりん、醤油、水を同量。二人分だと大さじ1ずつ、そして甘いのが好きな人は砂糖をその半量、大さじ1/2入れます。舐めてみて、ちょっとしょっぱいな、ちょっと辛いな、っていうような味にします。なまり節を入れてコトコトコトと煮立てたら、そこに水1/2カップを足してください。そして、下茹でしたフキ、生姜の千切りをドバッといっぱい入れて。好きなんです、そういうの。私のことをある編集者が「生姜のカツ代」って言ったくらい。

それでワーッと煮立ったら火を止めておしまい。これは、絶対に、減塩とかヘチマとか言わずに、「甘辛くコテッ」じゃなきゃダメ。

盛りつけるとき、針生姜をしつこくのせてもいい。針生姜は必ず繊維に沿った千切りでね。

フキとなまり節の田舎煮

2人分

【材料】 なまり節　2切れ
フキ　2～3本
生姜　ひとかけ（10 g）
A
- 砂糖　大さじ1/2
- 酒　大さじ1
- みりん　大さじ1
- 醤油　大さじ1
- 水　大さじ1

水　1/2カップ

【作り方】
①なまり節はザルにのせ、ザッと熱湯を回しかけ、粗熱が取れたら手で3～4つに裂く。
②生姜は皮つきのまま繊維に沿って、薄切りにしてから千切りにする。
③フキは生のまま皮を剥き、5～6 cm 長さに切り、硬めに茹でておく。
④鍋の中を水でザッと濡らして、Aとなまり節を入れて煮立て、中火で5分くらい煮る。
⑤水1/2カップを足し、フキと生姜も入れ、2～3分煮て、煮汁のまま置いて味を含ませる。

あると嬉しいスープ

元気が出ない日には「雲」

長芋のすり流し汁

長芋を皮のまますりおろして
ヒャーッと入れると雲みたい

昨日は寒かったのに、今日は急に暑くなったなんていう日、ちょっと元気が出ないときがあるんですよ。風邪気味のようなそんなときにもいいのが「長芋のすり流し汁」。

何しろこの汁物、何となくすごく元気になるの。特に私の場合は、春の調子の悪いときに効きめがあるの。

あとね、お寿司にすっごく合うんです。おいなりさんや巻き寿司、ちらし寿司かなんか食べるときに相性がいい。騙されたと思って食べてほしいの。

作り方はね、出汁《だし》を取って味噌を溶いて、味噌汁を普通に作ります。具は細ねぎぐらい。長芋は綺麗に洗っておきます。これはね、長芋ですよね。大和芋でもいいけれど、粘りが少し強い。長芋は青森県が有名ね。私、好きだから取り寄せたことがあって、オガクズの中に入ってやってきた。一度包丁を入れた長芋は、手拭いみたいな薄い布できっちり包んでからビニール袋に入れて冷蔵庫の野菜コーナーに入れておくと、かなり日持ちしますよ。

出汁を中火にかけて、フツフツ煮立ってくるでしょ。そしたら火を弱めて味噌を溶かしますね。そしたら、クツクツ煮ているところへ、長芋を皮のまますりおろしてヒャーッと入れる。あんまり長芋が多いととろろ汁になっちゃうので、ほどよい量で。

すると、表面が真っ白になりますね。フワッフワッフワッとしたり、あちこちちょっと固まりかけたりします。群雲《むらくも》みたいになるの。群雲ったって、よくわからないで言ってるんだけど、火が通るとあちこちちょっとずつ固まって雲みたいになるんですよ。真っ白に浮くの。そしたらもうすぐに火を止めて。

これには吸い口は溶き辛子が合う。ワサビじゃないのよ、溶き辛子です。お椀に盛ってから細ねぎの小口切りを散らして、溶き辛子をちょっと入れる。

お花見の季節に、お寿司と一緒に食べるといいですよ。美味しいし、体調もよくなる気がします。

長芋のすり流し汁

2人分

【材料】　長芋　10 cm（100 g）
出汁　1.5カップ
味噌　大さじ2前後
細ねぎ　2本
溶き辛子　少々

【作り方】　①出汁を中火にかけ、フツフツしてきたら、火をグンと弱めて味噌を溶かし入れる。
②①に長芋をすりおろし入れ、フワッと上に浮いてきたら、火を止めて椀に注ぐ。
③細ねぎの小口切りを散らし、吸い口に溶き辛子を添える。

ちぎらない美味しさ
レタスと玉子の味噌スープ
シャキシャキした歯ざわり
レタスがものすごく食べられる

私ね、いま凝っているものがありましてね……レタスの味噌汁なの。レタスって、みなさん生で食べることが最も多いでしょ。でも炒めたり、味噌汁に入れると美味しいの。

レタスにすごくよく合うのが豚肉とかベーコン、油揚げなんです。天かすなんかあったらいいですよ。とにかく、ちょっと油っ気があるほうが絶対美味しいんです。そうなると、「味噌スープ」と名前をつけたいんですよ。レタスをいっぱい食べたいときは、お椀じゃなくてカレーライスなんかを盛りつけるような、ちょっと深めのスープ皿みたいなのに入れてほしい。味噌スープですからね。

レタスの汁物は、作り方が悪いと美味しくない。

豚肉なりベーコンなり、油揚げなりを好きなだけ用意します。１センチ幅に切ります。油揚げだと味噌汁だわね。レタスは一口大にザクッと切ります。レタスをちぎって入れることもあるんですけどね、包丁でバシッと切るとレタスがクタクタしないってことがわかったの。なぜかって言うと、ちぎると繊維がズタズタになるから。料理って科学でございます。本日の好みは〝バシッ〟でございます。

出汁を火にかけて、煮立ってきたら豚肉なりベーコンなりを入れます。ひと煮立ちしたら味噌を溶いて、また煮立ってきたら卵をポトンポトンと入れます。これね、卵がよく合うんですよ。一人１個ね。かき玉にしない。弱火で静かに煮ます。好みの硬さになったら、レタスをバーンと入れます。ちょっとだけ火を入れて、すぐに火を止めて。レタスはあんまりクタクタに煮ちゃダメ。かと言って、生よりは火が通ったほうが美味しい。器の中にレタスを入れておいて、味噌スープを注いでもかまいません。私はできあがる寸前の鍋にバーンと入れるほうが好き。温度が下がりにくいから。

半熟の卵をちょっと崩しながら食べます。レタスのシャキシャキした歯ざわりが、豚肉やベーコンの脂とよく合う。薬味はこしょうがいいです。

これね、レタスがものすごくたくさん食べられるの。レタスの外側の青々とした葉っぱを捨てる人もいるじゃないですか。太陽をいっぱい浴びているから、捨てるのはもったいない。生で美味しいところは生で食べて、外の葉とか芯もむだなく食べる。

朝食にパンと食べても美味しい。気持ち悪いかもしれないけど、ちょっとだけ牛乳なんか入れても美味しい。ちょっとよ。美味しいです。

レタスと玉子の味噌スープ

２人分

【材料】 レタス　２〜４枚
ベーコン　２枚
卵　２個
出汁　３カップ
味噌　大さじ２〜３

【作り方】 ①ベーコンは１cm 幅に切る。レタスは一口大に切る。
②出汁を火にかけ、フツフツしてきたら、ベーコンを入れる。
③ひと煮立ちしたら、味噌を溶き入れる。
④再びフツフツしてきたら卵を静かに落とし、２〜３分弱火で煮る。
⑤好みの硬さになったら、レタスを入れてすぐに火を止める。好みでこしょう（分量外）を振って食べる。

半分の量をまず入れる もやしの酸辣湯

また半分を加えるとパリッとするのは
温度が一度に下がらないから

酸味の「酸《サン》」と、辛さの「辣《ラー》」、スープという意味の「湯《タン》」。暑い暑いと言いながら、冷房なんかで体が冷えているようなときに、温かいものが飲めたらいいと思うんです。できたら一週間にいっぺんぐらいはね。健康にもいいし、お財布にもいいように安くあげようと思うので、「もやしの酸辣湯」をお教えします。

もやしって、一度に使い切りたい。すぐ傷むでしょ。子どもがまだ小さいときに、5袋100円というので買ってきたことがあってね、子どもはすごく嬉しそうだったんだけど、もういくら安くても5袋は大変でした。これは二人分で1袋でいいですからね。

豚肉はバラ肉、こま切れ、安いのでいいです。2センチにチャカチャカッと切ります。それで、どうしてもほしいのがザーサイなんですよ。ザーサイがあると全然味が違うの。薄切りにして水にさらして塩気を抜きます。ちょっと塩辛いから、ほどいい量で。あと、にんにくもほしい。細かく刻みます。生姜は皮ごと細かく刻みます。食べながら「これ、皮がついてる」なんて言う人はいないからね。そういう人とは、もう絶交しよう……亭主だったりしてね（笑）。

鍋にごま油を熱して、豚肉、にんにく、生姜をチャカチャカッと炒めます。ザーサイ、豆板醤を加えて炒めます。

そして、もやしを入れます。もやしは1袋全部を一度に炒めると水が出るから、半分の量をまず入れて、もうまた半分を加えて炒めたほうがパリッとする。温度が一度に下がらないからなの。これはもうプロのテク。

で、チャッチャチャッチャと炒めて油が回りました。そしたら水2・5カップをジャーッと入れてください。豚の出汁だけでよござんす。ザーサイからもいい味が出る。

アツアツになってきましたら、そこで味付けをするんですが、砂糖を入れるの。隠し味です。砂糖を小さじ1/2、塩小さじ1/2、こしょうを少々、酒と醤油を大さじ1/2ずつ。忘れてならないのが酢です。酢が入らなきゃ酸辣湯にならない。まず大さじ1入れてから味をみて、もうちょっと入れてみる。二人分だと大さじ2ぐらい。味がちょうどいいと思えば、片栗粉を水で溶いて入れます。最後にごま油をポトリ。

寒い日も美味しいんだけど、夏にこういう熱いのを食べて、逆に体の熱を発散させるの、いいですよ。冷えはやっぱり治さないといけません。そのままにしておくと、秋に堪《こた》えますからね。

もやしの酸辣湯

2人分

【材料】

もやし　1袋（200 g）
豚バラ薄切り肉　100 g
ザーサイ　10 g
にんにく　少々
生姜　少々
豆板醤　小さじ1/2
ごま油　小さじ2
水　2.5カップ

A
砂糖　小さじ1/2
塩　小さじ1/2
こしょう　少々
酒　大さじ1/2
醤油　大さじ1/2
米酢　大さじ1～2

B
片栗粉　小さじ1
水　小さじ1

【作り方】

①豚肉は2～3 cm に切る。にんにくと生姜はみじん切りにする。ザーサイは薄切りにして5分水にさらし、余分な塩気を抜く。

②鍋にごま油を熱し、豚肉、にんにく、生姜を入れて強めの中火で炒める。ザーサイと豆板醤も加えて炒める。

③もやしを2回に分けて加え、強火で炒めて、分量の水を入れる。フツフツしてきたら、Aの調味料を次々入れて味を調える。

④とろみをつけ、火を止めてからごま油少々（分量外）を落とす。

切り方一つで色っぽい

茄子と豚肉の味噌汁

結構ボテッと太いですけど、必ず縦輪切りは絶対ダメ

平和が一番。美味しいものが食べられたらいい。武器を買うお金で食べものを買えば、みんな仲良くなるよ。難民とか困っている人にあげられればいいなぁ。食べるものだけは純粋に楽しみたい。

みなさん、茄子好き? 私、茄子が好きでねぇ。でも、夏と秋しか絶対食べないの。美味しい旬のときだけ食べたいの。とは言え、料理の撮影って、旬の季節よりも前にあるから、職業上難しくなっちゃった。捨てるわけにもいかないので、そのときは季節はずれの茄子をありがたくいただいちょります。

茄子は秋になると皮がちょっと硬くなっていくんですけど、これがね、切り方一つで美味しい味噌汁になるの。

茄子は一人1本ペロリと食べちゃうので二人分なら2本ね。ピーラーで皮をツルツルツルッと剥きます。それを縦に四つ割りにします。結構ボテッと太いですけど、必ず縦。輪切りは絶対ダメ。それを5分くらい塩水に浸けて水気を切っておきます。

ごぼうは10センチ、長めのささがきにして、ザッと洗います。昔みたいに10分20分と、水にさらす必要はない。ザブリと洗うだけでいい。ささがきが面倒だったらピーラーでもチャッチャチャチャッチャチャッてできるよ。豚肉は肩ロース薄切り肉、安いのでいいです。バラ肉でもコクがあって美味しい。二人分で100グラムかな。50グラムでもいい。食べよく切ります。

鍋に出汁とごぼうを入れて火にかけます。フツフツ煮立ってきたら、茄子を入れます。さらにフツフツして、必ず煮立ってきたところで豚肉を入れます。シーンとしたところに入れると灰汁《あく》がいっぱい出るから。で、クツクツクツクツッと煮て、茄子が透き通って柔らかくなってきたら味噌を溶くんです。

お椀に盛りつけると、茄子がダイナミックなの。皮がなくて長くてクタ－ッとしててね、ちょっと色っぽいんですよね。このままでもいいんだけど、粉山椒をかけて食べると美味しい。七味じゃないの、粉山椒なの。

これはね、茄子とごぼうと豚肉で、きっぱり味わってもらいたい。何でもない料理なんだけど、本気で美味しいから。

茄子と豚肉の味噌汁

２人分

【材料】　茄子　２本
豚肩ロース薄切り肉　100ｇ
ごぼう　10 cm
出汁　2.5カップ
味噌　大さじ２前後

【作り方】　①茄子はピーラーで薄く皮を剝き、縦４つに切って、塩水（分量外）に５分浸け、水気を切る。ごぼうは長めのささがきにして、ザッと洗って水気を切る。
②豚肉は３～４cm 長さに切る。
③鍋に出汁とごぼうを入れて火にかけ、フツフツしたら、茄子を加える。
④次にフツフツしてきたら、豚肉をほぐし入れ、茄子が柔らかくなるまで、蓋をして10～15分弱火で煮る。
⑤茄子がほどよい硬さになったら味噌を溶かし入れ、椀に盛りつける。このままでも美味しいけれど、粉山椒（分量外）など振ると美味しい。

小指の先ほどの砂糖の威力

豆腐ともやしのホットスープ

最後に黒酢を入れたあと

さっきの砂糖が効果を発揮する

寒いなァという日には温かいスープがいい。安くて温かくて美味しい、野菜がいっぱい入っているスープ。残りものになりがちな、人参、白菜、もやしで作ります。

もやしって、1袋でも持て余すという方が多いみたい。全部使い切るということでね、二人分で1袋ぐらい。気になるようならヒゲ根を取っておきます。人参は5センチくらい。細切りにします。白菜は2枚ぐらい。軸は細切りにして、葉はざく切りにします。もやしだけしかなければ、それでも美味しくできる。

大きい鍋にごま油を熱して、すりおろしたにんにくと生姜、豚挽き肉を炒めます。豚挽き肉は１００グラムぐらいでいい。炒めます。豆板醤を小さじ1/2入れる。それでジャージャージャージャー炒めます。肉が鍋肌にくっつくけど、無理にはがそうとしないでいいから、焦らない。いい匂いがしてきたら、白菜、人参、もやしをビャッと入れます。２〜３回に分けてね。そうすると、水っぽくならないですから。ジャージャージャージャー炒めます。もやしを入れると、くっついた肉が自然にこそげて剝がれていきます。

水２・５カップ、スープの素小さじ１、塩小さじ1/4、醬油小さじ１、酒大さじ１を入れます。スープの素じゃなくて、もし本格的に取ったスープストックがあれば、それにしてももちろんいいです。

フツフツフツッとしてきたら、灰汁が出てくるのですくう。それから豆腐1/2丁を大きいスプーンで適当な大きさにすくってガボッガボッと入れるのね。豆腐は絹でも木綿でもいい。またフツフツフツフツッとしてくるでしょ。それでですね、邪道なんですけど、小指の先ほどの砂糖をちょっと入れてください。なぜかスープがまろやかになるんですよ。それから、水溶き片栗粉を加えてトローッととじます。最後に黒酢をちょっと入れてほしいの。酢でもいいです。すると、さっきの小指の先ほどの砂糖が効果を発揮するの。大きなスープ皿に盛りつけたら、お好みでこしょうをパーッと振る。

風邪気味の人はアツアツのこのスープを食べて、首を冷やさないようにしたらいいんじゃないかしら。

豆腐ともやしのホットスープ

2人分

【材料】

豆腐　1/2丁（150g）
もやし　1袋（200g）
人参　5cm
白菜　2枚
豚挽き肉　100g
ごま油　大さじ1
にんにく（すりおろし）　少々
生姜（すりおろし）　少々
豆板醤　小さじ1/2
水　2.5カップ
A
- スープの素　小さじ1
- 塩　小さじ1/4
- 醤油　小さじ1
- 酒　大さじ1

砂糖　小さじ1/4
B
- 片栗粉　小さじ1
- 水　小さじ1

黒酢または米酢　小さじ1

【作り方】

①もやしは気になるようならヒゲ根を取る。
②人参は細切り、白菜の軸は細切り、葉はざく切りにする。
③鍋にごま油を熱し、にんにく、生姜、豚挽き肉を加えて炒める。すぐに豆板醤も加えて炒める。
④肉が赤くなって、いい香りがしてきたら、人参、白菜を強火で炒め、もやしを2〜3回に分けて加えて炒める。
⑤水、Aを加える。豆腐を適当な大きさにスプーンですくい入れる。フツフツしてきたら砂糖を加え、Bを加えてとろみをつける。
⑥酢を加えて火を止める。器に盛りつけ、好みでこしょう（分量外）を振って食べる。

後悔しないための塩加減
クラムチャウダー
塩を入れすぎると取り返しがつかない
くれぐれも味をみてから用心して入れる

何かね、春になると牛乳の料理ってすごく美味しいのね。うちの娘なんか牛乳が大好きなんだけど、そのまま飲むとちょっとお腹がゴロゴロと痛くなるの。加熱したチャウダーとかグラタンなら、ほとんどの人が大丈夫。「クラムチャウダー」をお教えします。クラムというと、だいたいハマグリを使う料理なんだけど、春が旬のあさりを使います。

あさりは二人分で200グラムぐらいかな。食べたときに口の中でジャリッとすると、もうがっかりなので、あさりの下ごしらえはちょっとていねいにやったほうがいいかな。殻をこすり洗いするときは粗塩を使って、よ〜く水洗いします。そのあと、海より薄い塩水を作り、ヒタヒタになるように、バットや大きいボウルにあさりを浸ける。室温で2〜3時間、しばらくあとで使うなら冷蔵庫に入れておく。苦しくなって砂を吐き出します。砂出し済みというのが売っていますが、そういうのを使うときも、必ずやっておくといい大事な下処理なんですヨ。

水1カップとあさりを鍋に入れて火にかけます。あさりの口が全部開いたら火を止めて、茹で汁と分けます。この茹で汁は絶対使います。面倒でなければ、茶こしで濾すと美味しくなる。殻を取って、剝き身にして水を切っておく。もっと早く作りたいというときは、缶詰を使ってもいいですよ。

ベーコン1枚は1センチ幅に切ります。玉ねぎ小1/2個、じゃがいも1個、人参2センチ。これ、だいたい同じぐらいの量なんです。玉ねぎとじゃがいもは1センチ角に切ります。人参は薄いいちょう切りにしてください。マッシュルームがあれば四つ、四つ割りにします。または何かきのこが残っていれば入れます。

で、これをチャッチャチャッチャ、バターで炒めるの。ベーコン、玉ねぎ、人参、じゃがいも、マッシュルームの順に炒めます。全体がアツアツになって、でもバターが焦げないうちに小麦粉を加えて、ぐんと弱火にして少し炒める。この「少し」は粉っ気が残っているぐらい。そこへあさりの茹で汁を加えてコトコトコトコト……蓋をして弱火で煮ます。じゃがいもに火が通ったら、牛乳2・5カップとあさりの剝き身を入れる。フツフツしてきたら味をみて塩、こしょうを加える。あさりの茹で汁が入っているから、塩を入れすぎると取り返しがつかない。小さじ1/4ぐらいの塩をちょっと入れてみて、決して多めに量らないように。しょっぱくなると、もう戻らないから気をつけて。

器に盛って、パセリのみじん切りを散らしてハフハフ言いながらいただきます。

クラムチャウダー

２人分

【材料】

具
- あさり　200ｇ
- ベーコン　１枚
- 玉ねぎ　小1/2個
- じゃがいも　１個
- 人参　２cm
- マッシュルーム　４個

バター　大さじ１
小麦粉　大さじ２
あさりの茹で汁　適量
牛乳　2.5カップ
塩　小さじ1/4
こしょう　少々
パセリ（みじん切り）　適量

【作り方】

①あさりは殻をこすり合わせてよく洗い、ヒタヒタの塩水に浸けて砂を吐かせる。１カップの水とあさりを鍋に入れて火にかけ、あさりの口が全部開いたら火を止める。殻をのぞいて、身と茹で汁を分けておく。

②ベーコンは１cm 幅に切る。玉ねぎとじゃがいもは１cm 角に切る。人参は薄いいちょう切りにする。マッシュルームは縦４つ割りにする。

③鍋にバターを溶かし、ベーコン、玉ねぎ、人参、じゃがいも、マッシュルームの順に加え、中火で炒める。

④全体がアツアツになったら、小麦粉を加えて弱火で１分くらい炒める。

⑤①のあさりの茹で汁を加えて、じゃがいもに火が通るまで蓋をして弱火で煮る。

⑥牛乳、あさりの身を加えて、フツフツして温まったら、味をみてから塩、こしょうで調える。器に盛って、パセリを散らす。

崩れてもなんのその厚揚げのにんにくスープ

一口大にピャッピャッピャッちぎると味がよくしみる

これね、嘘みたいに美味しいんですよ。なんだか背中が寒いなんてときにピッタリです。

まず、白髪ねぎを作ってほしいんだけど……わかりますか？　長ねぎの白い部分を5～6センチの長さにしてから千切りにすること。もったいないから、私は中の芯はチャーッとみじん切りにしてあとで炒めちゃう。

厚揚げは1枚用意します。東京では生揚げと言うんですね。で、厚揚げを水道から出てくる程度の温度の湯で洗って、余分な油をのぞきます。それから一口大にピャッピャッピャッピャッとちぎっておく。厚揚げを手でちぎるのって案外むずかしいので、カレースプーンを使うといいです。スプーンをグサリと厚揚げに刺して、手前に引いてちぎる感じでやってみてください。

熱した鍋にごま油を小さじ2入れます。そしたらそこに、おろしにんにく、みじん切りにした長ねぎの芯、豆板醤小さじ1/2を入れるでしょ。辛いのが好きな人は小さじ1入れて大丈夫。そしたらすぐに香りがフワァーッと出てきます。私ね、あんまり匂いを嗅いで、のどに入ったのか、くしゃみが止まらなくなったことがあるのね。

厚揚げをジャッと入れます。ジャッジャッジャッジャッ……焦がさないようにじんわり炒めるの。焦げてきたらダメなの。なぜかと言うと臭くなるから。炒めていると崩れますよ。崩れてもなんのその、どんどん、どんどん炒めてください。そこへ水3カップをジャーッと入れるの。スープの素を入れて、酒大さじ1、塩少々を加えます。フツフツしてきたら火を弱めてコトコトコトコト……10分ぐらい煮ます。

そうしましたら、味をみてください。実に美味しいんです。味が足りないかと思えば、塩をちょっと足してください。醤油でもいい。豆板醤は入っているけれども、こしょうをパッと振ってもいい。で、器に盛りつけましたら、さっき用意した白髪ねぎをドバッ。

にんにくと厚揚げと白髪ねぎ、これだけでできる美味しいおかずスープです。

厚揚げのにんにくスープ

2人分

【材料】　厚揚げ　1枚
長ねぎ　10 cm
おろしにんにく　少々
豆板醬　小さじ1/2〜1
ごま油　小さじ2
スープの素　小さじ2
水　3カップ
酒　大さじ1
塩　適量

【作り方】
①白髪ねぎを作る。長ねぎは5 cm 長さに切り、縦に1本切り目を入れて開き、芯部分は取り出す。繊維に沿って千切りにする。芯部分はみじん切りにする。
②厚揚げは一口大にちぎる。鍋にごま油、おろしにんにく、みじん切りにしたほうのねぎ、豆板醬を入れて中火にかけ、じんわりと炒める。
③いい香りがしてきたら厚揚げを加えて、焦がさないようにせっせと炒める。
④全部がアツアツになって厚揚げが赤く染まったら、分量の水、スープの素、酒、塩を加える。
⑤フツフツしてきたら火を弱め、コトコト10分くらい煮て、味をみて足りなければ、塩か醬油（分量外）で調える。器に盛りつけ、①の白髪ねぎをのせる。

隠し味をお教えします

豚汁
再びフツフツしてきたら、火を止めて
そこでこしょうをパラリ。これがカツ代流

並みでいいのよ。何の話かと言うと、豚汁に使う肉のことなんだけど、上等の肉を使う人がいるのね。もう、並みも並み、こま切れでいいし、そしてバラ肉が一番美味しい。

豚こま切れ肉かバラ肉の薄切りは、１００グラム用意してください。２００グラムだとちょっと多いけど、具をいっぱい食べたいならいい。

忘れてならないのがごぼう。分量は10～15センチぐらいかな。私は丼鉢一杯でも入れたいぐらいなのよ。皮つきでいいからささがきにしてほしいんだけど、面

倒な人はピーラーでシャシャシャ……とやるの。そしたらザッと水洗いする。今のごぼうは水に長くさらしちゃダメよ。

根菜を入れたいので、人参は2センチ、大根5センチくらい用意したら、これも皮つきでもいいですから、2～3ミリのいちょう切りにして。じゃがいもは1個、一口大に切る。白菜も入れたいから、1～2枚にしましょうか。軸と葉を切り分けて、軸は繊維に沿って細切りにするの。余分な水分が出てきちゃうから、そぎ切りは絶対ダメ。細切りにしてください。葉はざく切りでいいです。

それからこんにゃくね。糸こんにゃくでも、どのこんにゃくでもいいけれど、私の好みとしては白滝。1/2わ、食べやすい長さに切ってください。

木綿豆腐1/2丁は一口大に切ります。もし油揚げなんかあったら、ちょっと入れると美味しい。

なんだか野菜炒めするみたいなたくさんの量だけど、それぐらいがいい。で、炒めていくんだけど、ごま油が断然美味しいです。サラダ油でもいいですよ。熱した鍋に油小さじ1を入れて、豚肉とごぼうを強火でジャッジャッジャッジャッ……と炒めます。豚肉の色が完全に変わってから、豆腐以外の野菜と白滝を入れてジャージャー炒めます。じゃがいもは崩れやすいから最後に入れる。

全体がアツアツになったと思えば、そこに出汁3カップを差してください。出汁じゃなくて水でもいいんだけれど、水の場合は肉の量を増やしてほしいんです。一人分80グラムくらいはないと、いい出汁は出ません。コトコトコトコト……煮ます。途中で灰汁が出たらすくって、うんと柔らかく、野菜がとろけそうなほど煮てください。柔らかくなったら豆腐を入れて、すぐに味噌大さじ2を溶き入れます。

再びフツフツしてきたら、火を止めてこしょうをパラリ。椀に盛りつけたら、ねぎの小口切りをいっぱい散らして食べます。

たまになんだけど隠し味に牛乳を入れるの。一人分大さじ1ぐらい。でも、里芋で作る場合は牛乳は入れない。じゃがいもに合うんです。

豚汁

3人分

【材料】
豚こま切れ肉、またはバラ薄切り肉　100g
ごぼう　10〜15cm
白滝　1/2わ
人参　2cm
大根　5cm
じゃがいも　1個
白菜　1〜2枚
木綿豆腐　1/2丁
ごま油またはサラダ油　小さじ1
水または出汁　3カップ
味噌　大さじ2前後
こしょう　少々
ねぎ（小口切り）　適量

【作り方】
①ごぼうはささがきにし、ザッと水洗いして水気を切る。
②白滝はよく洗ったあと、食べよい長さに切る。人参と大根は2〜3mmのいちょう切りにする。じゃがいもは一口大に切る。白菜は軸と葉を切り分け、軸は繊維に沿って細切り、葉はざく切りにする。
③豚肉はこま切れ肉はそのまま、薄切り肉の場合は2〜3cm長さに切る。
④鍋に油を熱し、豚肉とごぼうを強火で炒める。肉の色が変わったら、野菜類と白滝（豆腐はあと）を加えて炒める。
⑤全体がアツアツになったら、出汁を加え、野菜が柔らかくなるまで煮る。
⑥一口大に切った豆腐を加えて、すぐに味噌を溶き入れ、再びフツフツしたら火を止めて、こしょうをパラリと振る。
⑦椀に盛って、薬味のねぎをたっぷり散らす。

内弟子ノート1

焼き順に理由あり

〝焼く〟……シンプルで短時間で美味しくできる調理法ですが、シンプルなものこそコツをおさえておくことで、その料理の美味しさの良し悪しがくっきりと分かれたりします。

まず魚からまいりましょう。例えば、鯖《さば》の切り身、鯵《あじ》の開き、どっち側から焼きますか？

若い人には想像つかないでしょうが、戦前戦後くらいまでは庭で七輪に炭火をおこし、パタパタと団扇《うちわ》であおぎながら焼いたのです。つまり、魚の下から火を入れていたんですね。次にコンロに網をのせて焼くようになりますが、このときも魚の下から火を入れています。ところが、その後コンロに組み込まれた魚焼きグリルという革命的な道具が登場します。上から火を入れるという方法に変わったのです。

魚焼きグリルは大変便利で、あっという間に普及しました。焼く方法は変化しましたが、魚は身側から比較的短時間で火を入れ、裏返してサッと焼くという基本に変わりはありません。魚の皮は焦げやすいので、本当にサッと、でも、こんがり焼きます。そうするとある程度の脂は落としつつも、ほどよく皮と身の間に残るのです。

そしてこの焼き順は、盛りつけとも関係しています。

切り身の場合、盛りつけるとき皮を上にします。開きの場合、皮は下。では、一尾だとどうなるか？　鰯《いわし》や目刺といった小さめの魚、でっかい祝鯛などは全身皮ですよね。「魚は身から」が当てはまりません。この場合、ルールから逆算して考え、盛りつけるとき上になるほうから焼きはじめます。さて、どちらが上になるでしょうか？　ここで、もう一つの和食の鉄則、「頭は左、尾は右、腹は手前」。これでどちらから先に焼くんだったかな？と迷いません。

ただし例外があるんです。鰈《かれい》の一尾付けの場合は頭を左にすると腹が向こう側になってしまうため、頭が右でもよいとされています。鰈は特別扱いの魚です。

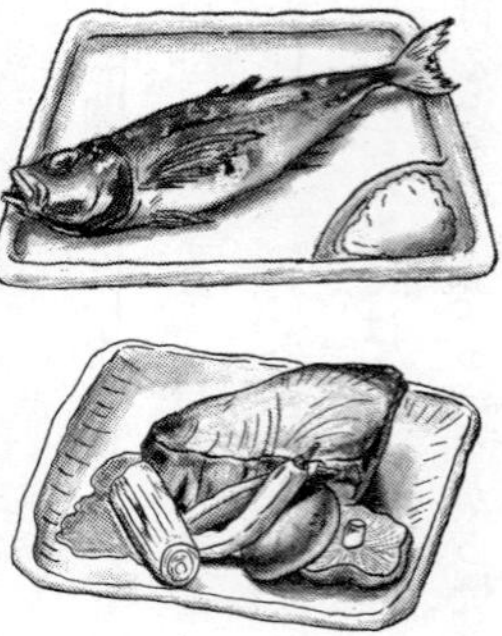

頭は左、尾は右
一尾も切り身も、
盛りつける側から焼く

さて、鶏肉にはどんな理由があるのでしょうか。

豚肉と牛肉に皮はありませんが、鶏肉にはもも肉でも胸肉でも皮がついています。何が何でも皮から焼きます。先に皮をパリリッ、カリカリに焼くと余分な脂が皮からじわじわ出てくる。出た脂で今度は身を焼くわけです。だいたい3～4分皮をこんがりきつね色に焼いたら、つぎに身を2分ほど焼く。このときの皮の焼き方で美味しさの80パーセントが決まると言っても過言ではありませんし、仕上がりも美味しさも断然こっちなのです。

忘れてならないのは、魚も肉も、冷蔵庫から出したてを焼いてはなりませんよ。ある程度常温に戻した状態で焼くことで、短時間で火が入り、ジューシーで美味しくなるからです。

とは言え、この間ある読者さんから、「ずっと常温で置いておいたら魚が腐りました」という連絡があったりして、よくよく話を聞いてみると、一晩置いていたとのこと。置けば置くほどいいということではなく、冷蔵庫から出したてではない状態、つまり、限りなく室温に近い温度にしてから焼いてください、ということなんです。コツには理由があって、キチンと知ることは大事です。

料理の基本として昔から言われている四字熟語、「魚身鶏皮」。つまり、どちらを先に焼くかで美味しさがアップする。一生役に立つことですよ！

えっ、大げさですか？　私はけっしてそうは思いません。1日3回の楽しい食事作りは、食いしん坊にとって、とっても大事な時間。小さな美味しい喜びは、明日へ生きていくエネルギーですよね。80歳になっても90歳になっても、自分で美味しいご飯が作れたなら、こんなに嬉しいことはないんですもの。

カツ代のまかないめし

あんまり熱くならないうちに
豚肉とセロリのごま炒め
しっかり味がついてから
セロリを入れて火をバーッと強くする

セロリ大好きさんに是非食べてもらいたいおかずです。セロリが美味しい季節は春なんですけど、シャキシャキしててね、歯ざわりがとってもいいの。セロリは1本、筋をピーラーでシャーッシャーッと剝いて取ってください。筋、わかる？　セロリの根元の太〜い部分は横に包丁を入れる。そんなに太くなければペシャンとつぶす。それで、セロリに向かって包丁を斜めにして薄く切ってほしいの。葉もちょっと入れると綺麗なので、細かく刻んでおきます。

豚肉は安物でも高い物でもなんでもよござんすけれども、ちょっと脂があるほうが美味しいから、豚こま、バラ、上等なら肩ロースを150グラムぐらい食べよく切ります。そして、中華鍋でもフライパンでもいいから、温めておく。これは基本ね。あんまり熱くならないうちに、鍋へ油を入れます。これはごま油が合うんだけど、ごま油100パーセントだとちょっとくどいので、サラダ油を小さじ2撒いたら……撒いたらじゃないネ。どこの料理研究家や（笑）。回し入れたら、そこへごま油も混ぜるわけ。サラダ油とごま油が2対1ぐらいがちょうどいい。

で、油も肉もあんまり熱くならないうちに……このあんまり熱くならないうちっていうのがコツなんですね。豚肉をパッと入れます。で、広げる。そこに塩を3本指でふたつまみをバッ、そしてこしょうをガリガリ挽いて、粉のこしょうだったらパパパッと入れる。しっかり味がついて、肉の色も変わってきましたね。そしたらセロリを軸、葉の順に入れる。もう火をバーッと強くする。そしてチャッチャチャッチャッと炒めます。炒まったら、すりごまを入れます。好きな人は好きなだけ入れる。シャッシャッシャッと混ぜて、醬油をちょっとだけ鍋肌からピョーッと回しかけて、またチャッチャッチャッ。火を止めてできあがり。辛くしたいときは豆板醬を肉と一緒に炒めてもいいし、最後にラー油を振っても美味しい。白いご飯にもいいんだけど、これが、なんとラーメンに合うの。アツアツの即席ラーメンの上にジャーッとかけても、ものすごく美味しい。

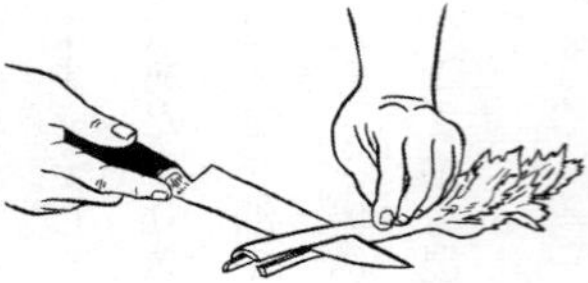

下の根の太いところに
切り目を入れてから

斜めに刻む

豚肉とセロリのごま炒め

2人分

【材料】　豚肩ロース薄切り肉　150g
セロリ　1本（150g）
サラダ油　小さじ2
ごま油　小さじ1
塩　小さじ1/4
こしょう　少々
すりごま（白）　大さじ2
醬油　小さじ1〜2

【作り方】　①セロリの軸は斜め薄切りにする。葉は細かく刻む。
②豚肉は食べよく3〜4cm長さに切る。
③中華鍋かフライパンを火にかけ、あまり熱くならないうちに、サラダ油、ごま油を入れてなじませ、豚肉を入れて広げ、すぐに塩、こしょうを加え、炒める。
④豚肉にしっかり味がついて火が通ったら、セロリを軸、葉の順に加えて、強火で炒める。
⑤最後にすりごまを全体に振り、手早く炒め合わせる。鍋肌から醬油を回しかけて炒め、好みでラー油（分量外）などをパパパパッと振って、器に盛りつける。

美味なる太さ「マッチ棒」

ピリ辛ねぎラーメン・きゅうり版

まだ硬いうちが美味しいから
あんまり細くてもいけない

私、暑いの苦手な人です。残念ながら食欲はなくならない。ある夏の暑い日に、ラーメン屋さんに行列が並んでいたのを見たら突然ね、「ピリ辛ねぎラーメン・きゅうり版」がひらめいて、どうしても食べたくなった。

きゅうりはまあ一人1本でしょうね。でも、好きな量でいいです。暑い夏は野菜からも水分をいっぱい摂りたいから、きゅうりをたくさん入れてみてください。千切り1本1本に皮がついているようにしたいから、斜めに切ってからさらにそれを縦に細長く切る。この料理の場合、あんまり細くてもいけないので、マッチ棒ぐらいの太さね。マッチ棒、知らない人も最近はいるかしら……。

長ねぎは1|2本、千切りにします。豚挽き肉は50グラムあれば十分。それから、にんにくは是非ともほしい。本当はすりおろしてもいいんですけど、あとで嫌だったら取り出せるから薄切りでもいいです。

油はサラダ油でもごま油でもいい。フライパンか中華鍋に油を熱して、まずにんにくと豚挽き肉を炒める。それからもう味をつけちゃうの。塩少々、豆板醬は私だったら小さじ1、初めての人はちょっと加えてチャチャチャと炒めます。焦がさないでよく炒まったら、本当は一回取り出すほうがいいけれど、面倒くさいからそこにビャッときゅうりを入れちゃう。フッ素樹脂加工されたフライパンを使っている人は、水気が飛びにくいからジャッジャッジャッと高く高く空気を入れるように炒めて。きゅうりの水分を蒸発させたい。蒸発ったってカラッカラに干からびたらダメよ。カッカッカッカッと強火で炒める。きゅうりがまだ硬いうちが美味しいので、油をケチっちゃいけません。ちょっと油を足すぐらい、パリパリに炒める。で、炒まったら、最後にねぎを加えてごま油をポトリ。これをできたてのインスタントラーメンの上にのせてほしいの。

盛りつけるときは、積み上げるがごとく高く盛ってください。非常にいいです。二口コンロの人は、炒めながら横でラーメンを作るの。ラーメンは味噌味でも醤油味でもいい。

火を通すものは
少し歯ざわりを感じたほうがいい
マッチ棒の太さがベスト

ピリ辛ねぎラーメン・きゅうり版

1人分

【材料】 インスタントラーメン　1袋
豚挽き肉　50g
にんにく（薄切り）　1/2片
長ねぎ　1/2本
きゅうり　1本
サラダ油またはごま油　小さじ2
塩　少々（小さじ1/8）
豆板醤　小さじ1/2〜1
ごま油　1〜2滴

【作り方】 ①きゅうりは2〜3mmの斜め薄切りにして、細切りにする。
②長ねぎは5〜6cm長さに切って縦に切り目を入れ、開いて繊維にそって千切りにする。
③フライパンに油を熱してにんにくと豚挽き肉を炒め、肉の色が変わったら、塩と豆板醤を加えて炒める。
④きゅうりを加えて強火でザザッと炒め、最後に長ねぎを加えてひと混ぜしたら火を止め、ごま油を落として風味をつける。
⑤インスタントラーメンを袋の表示通りに作って丼に盛りつけ、上に炒めた具をたっぷりのせる。

鴨でもいいけど
鶏南蛮そば

でもやっぱり鶏。そして
焼き目をつけたねぎが必須

そば好きですか？　うどんのほうが好き？　この頃はうどん派が多いんだけど、私、そばも大好きなの。たまに家で作るとすごく美味しい、あったかいそばをお教えしますね。お正月なんかにも作ることがある「鶏南蛮そば」です。

そばは茹でそばを普通に買ってきます。乾麺があれば袋の表示通りに茹でておく。

鶏もも肉は一口大に切ります。親子丼用に切ってあるやつでもいい。ささみでもいいですよ。でも、ほかの鳥はちょっと……でもまぁ、もちろん鴨を使ってもいいです。

鍋に、酒、みりん、醤油、各大さじ2を入れて、鶏肉を煮ちゃう。ウワァーッと煮えてきたら、そこに出汁3・5カップをジャーッと差すわけ。出汁がなければ水でも湯でもいい。ただしそのときは、肉が多めがいいです。一人分100グラムはほしい。これが「おつゆ」になるわけですよ。水でも湯でも美味しくできるんだけど、とは言え、出汁は本物らしい味になるから、昆布と鰹節でとった濃いめの出汁で作ってほしい。出汁で作る人は、肉は二人分150グラムあれば十分です。

醤油もね、濃口醤油でも淡口《うすくち》醤油でもいいんですけど、ただし淡口は塩分が強いので分量を少なめにするか、あるいは出汁を多めにするといいです。

それでね、煮ている間にすることがあるの。長ねぎをブツブツと切って、フライパンで素焼きしてほしい。香ばしい香りがしますよ。もし、素焼きが難しかったら、ごま油で焼いてもかまわない。とにかく焼き目をつけてほしいの、焼き目を。

つゆが煮えてきましたね。そしたら、袋の表示通りに温めた茹でそばを丼に入れてつゆをかけます。そばの上に、もも肉と焼いたねぎをポンポンポンと置いて、できあがり。つゆをちょっと飲んでみて、味が薄かったらおかかをポッとのせて。「鶏南蛮」なんだけれどね。

粉山椒を振りかけて食べます。季節によっては三つ葉、柚子の皮も美味しいです。

鶏南蛮そば

2人分

【材料】　茹でそば　2人分
鶏もも肉　100～200g
長ねぎ　1/2本
A ┌酒　大さじ2
　 │みりん　大さじ2
　 └醤油　大さじ2
出汁　3.5カップ
三つ葉　適量

【作り方】　①鶏肉は一口大に切る。
②長ねぎは長さ4cmに切る。フライパンに長ねぎを入れて中火にかけ、時々転がしながら、焼き目を全体につける。
③鍋にAの調味料と鶏肉を入れて強めの中火にかけ5分ほど煮る。
④鶏肉がコテッと煮えたら、出汁を加え、ひと煮立ちさせる。味をみて足りなければ、塩と砂糖各少々（分量外）で味を調え、ひと煮立ちしたら火を止める。
⑤そばは袋の表示通りに温め、丼に入れる。アツアツの汁をかけ、具をのせる。薬味に刻んだ三つ葉、粉山椒や七味唐辛子（各分量外）を振る。

いざとなれば剝いてあるあの栗で

楽々栗ご飯

究極を言ってしまうと
コンビニでも売ってるおやつの栗でいい

秋になると栗ご飯いいですね。でも、みんな面倒って思うのよね。私も忙しすぎる日は右に同じく。だけど、一年に一回ぐらい季節のご飯したいじゃないですか、あの可愛い栗ちゃんを食べたい。剝く時間と余裕のないとき、究極を言ってしまうと、コンビニでも売ってるような、もう剝いちゃってる甘栗があるでしょ。あれでやってもかまわないから。私ね、昨日それで作って食べてきたの。すごく美味しかった。だから四人分の分量で作ります。

甘栗は150グラム用意してください。皮を剝いた分量です。で、粗めに刻んで、塩小さじ1とみりん大さじ1を混ぜ混ぜして30分以上置いてください。これ、コツなの。甘みが増します。

米は1・5合に0・5合のもち米を混ぜて。もち米を足すとね、栗ご飯は断然美味しいの。だけど、もち米を買うのは面倒だと思ったら、米だけでも許す。米の分量はきちんと計量してくださいね。米を洗って、水300ミリリットルを加えて、30分以上浸水します。ちょっと柔らかめに炊き上がりますが、これが美味しいの。

そしたら、いつものように炊き込みご飯では酒を入れて炊きたいので、それから酒大さじ2を加えます。昆布5センチを入れて、栗をまぶした調味料ごと入れて、普通に炊く。薄味よ。

で、炊き上がったら十分蒸らして、茶碗に盛りつけて黒ごまを振って食べます。ごま塩を振ってもいい。

真面目に生栗で炊きたいという人のために、下ごしらえも教えます。

栗は生のまま、前の晩に熱湯の中に入れておいてください。そうすると剝きやすいの。皮と身の間がふやけるから皮が柔らかくなってるの。そして皮のおしりのほうからグイッと剝くんです。栗剝き器が売ってますから。この栗で炊く場合も塩味で炊くといいです。

楽々栗ご飯

4～6人分

【材料】　甘栗（剝いたもの）　150g

A ｛塩　小さじ1
　　みりん　大さじ1

米　1.5合

もち米　0.5合

水　300ml

昆布　5cm

酒　大さじ2

黒ごま　少々

【作り方】　①栗は粗めに刻んで、Aを絡めて30分以上置く。

②米ともち米を洗って、いったんザルで水気を切ってから、釜に入れる。

③分量の水を加えて30分以上浸水する。

④酒と昆布を加え、①の栗を調味料ごと加えてスイッチオン。

⑤炊き上がったら、十分蒸らし、黒ごまを振って食べる。

主役はだあれ？
きのこの香り丼

片手に山のように！
肉っ気はあまり入れすぎない

この前、ある店へ行ったときに、いっぱいきのこが出てきたんですよ。どこへ行ったんだっけな……どこだ（笑）。月に何回も講演しにいろいろな地域に行くから、もうわけわからないぐらい。あ、思い出しました！　甲府です。旬のものだけで料理を作ってくださる店でした。見たことがない変わったきのこがいっぱい出てきて、肉みたいな嚙みごたえがあるようなのもあって、美味しかった。もし甲府へ行くことがあったら、絶対行ってくださいと言いたいところですが、店の名がわかりません。

きのこ、食べたくなってきた（笑）。ものすごく簡単な料理、「きのこの香り丼」をしますヨ。きのこはなんでもいいです。舞茸、しめじ、生椎茸、エリンギ。変わったものが入ってるように見えるほうがいいという人は、近頃いろんなきのこがあるから、あれば白舞茸だとか、ひらたけとか、そういうのもちらほら入れて。マッシュルームなんかでもいいですよ。片手に山のように入れても、できあがってみるとショボーンとするから、もうたっぷり好きなだけ用意します。石突きを取って、食べよく切ったり裂いたりしてください。

豚肉はこま切れとか安いのでいいので、50グラムぐらい。これね、豚肉の量はチョロ、でいい。1センチ幅くらいに切ります。油揚げを1/2枚、縦二つに切ってから1センチ幅に切ります。肉っ気はあまり入れすぎないことがこの丼の美味しさのコツなの。肉も油揚げも、入れないでもいいくらいですよ。きのこが主役だから。

鍋の中をいつものようにちょっと濡らして、きのこをドバッと入れます。それから豚肉、油揚げを入れる。酒と醤油は各大さじ1・5回しかけて、ブワアーッと強めの火にかけます。出汁も何もいらないの。これだけでグアーッと汁が出てくるから。甘いのが好きな人はみりんをちょっと入れてもいい。フツフツしてきたら少し火を弱めて5分煮てできあがり。

これを温かいご飯に汁ごとのせて食べるんだけど、盛りつけの最後、きのこの真ん中にうずらの卵をポチョンと落とすの。これが大事。鶏の卵だったら、黄身だけにしてください。おろし生姜、あれば刻んだ三つ葉なんかをちょっとのっけて。食べるときにスダチをキュッと絞って食べます。

きのこは一年中あるんだけど、新米が出た頃の秋の味を是非楽しんでほしいですね。

きのこの香り丼

2人分

【材料】

舞茸　50g
しめじ　50g
生椎茸　50g
エリンギ　50g
豚こま切れ肉　50g
油揚げ　1/2枚
酒　大さじ1.5
醤油　大さじ1.5
温かいご飯　2人分（300g）
うずらの卵　2個
おろし生姜　適量
三つ葉（あれば）　少々
スダチ　1個

【作り方】

①きのこは石突きを取り、食べよく切ったり裂いたりする。

②豚肉は1cm幅に切る。油揚げは縦2つに切って、1cm幅に切る。

③鍋の中を水で濡らし、そこに①のきのこをドバッと入れて、豚肉と油揚げを重ね入れる。

④上から酒、醤油を回しかけ、蓋をして強めの中火にかける。フツフツしてきたら、火を少し弱めて5分煮る。

⑤小丼にご飯を盛りつけ、④を汁ごとのせる。うずらの卵を真ん中に割り入れ、おろし生姜、あれば刻んだ三つ葉を散らす。半分に切ったスダチを絞って食べる。

必ず2回言いたくなる
葱ねぎ炒飯

白い部分でねぎ醤油
青い葉の部分は炒める

粗食ってブームになったりしているけど、でもやっぱり貧しいのは嫌じゃないですか。粗食だけど、美味しい豊かなものを教えたいと思うの。材料は長ねぎと桜エビだけ。「葱ねぎ炒飯」という料理です。「ねぎ炒飯」じゃない。「葱・ねぎ」と必ず2回言いたくなる炒飯です。

炒飯を美味しく作るのは二人分が限度。二人分で、ご飯は400グラムくらい、桜エビは大さじ3。桜エビはカルシウムたっぷりでいいですよ。小えびでもいい。長ねぎの白い部分を15センチ用意します。チャーッと粗めのみじん切りにします。白い部分でねぎ醤油を作るんです。醤油小さじ2、ごま油小さじ1/2に浸けておく。「何分ぐらい浸けておくんですか?」と、よく聞かれるんだけど、そんなに深刻な問題じゃない。いまから炒飯を作ろうと思うときに、一番最初にやれば十分。

長ねぎの葉の部分、青いところを15センチ用意します。捨てる人もいるけれど、あれ、お日さまに当たっててなかなか美味しいんですよ。これもまたチャーッと粗めのみじん切りにしておきます。

中華鍋かフライパンを火にかけます。フッ素樹脂加工のはちょっとね……。ガーッと火力を強くして、中華鍋を温めたらサラダ油小さじ2を入れてなじませます。そこにご飯を入れる。で、ご飯をちょっとどいてって端に寄せるようにして、中華鍋の半分を空ける。そして、空いたところで長ねぎの青い部分のみじん切りと桜エビを入れて炒めるわけです。ちょっと焼けてきたら、どけていたご飯で蓋を被せるようにしてから、ジャッジャッジャッジャッジャッと混ぜて炒めはじめるんです。姿勢よく、ジャッジャッジャッジャッ。桜エビをちょっと焦がすと香ばしくて美味しい。焦がすと言っても黒くしちゃダメよ。だんだん炒まってきたら、さっき浸けたねぎ醤油をそのままジャッと入れます。全部入れちゃう。いっぺんに香ばしい香りがする。またジャッジャッジャッジャッ……ちょっと味をみて、必要なら塩、こしょうで味を調えます。あとね、このとき絶対に醤油を足さない。ひと炒めしてできあがり。是非お試しください。スープを合わせて食べたいね。

同じフライパンの中で
別々に炒めてからドッキング

葱ねぎ炒飯

2人分

【材料】

ご飯　2人分（400 g）
桜エビ　大さじ3
長ねぎの青い部分　15 cm
サラダ油　小さじ2
ねぎ醬油
- 長ねぎの白い部分　15 cm
- 醬油　小さじ2
- ごま油　小さじ1/2

【作り方】

①ねぎ醬油を作る。白い部分の長ねぎは粗めのみじん切りにして醬油とごま油に浸けておく。
②長ねぎの青い部分も粗めのみじん切りにする。
③中華鍋かフライパンを中火で十分熱し、サラダ油をなじませる。
④ご飯を加えて少し焼きつけたら、場所を空けて鍋肌の空いているところで長ねぎの青い部分と桜エビを炒める。
⑤全体を焼きつけるように炒め、最後にねぎ醬油を加えて、ひと炒めする。味をみて足りなければ、塩、こしょう（分量外）で調える。

「霜降り」から生まれた母さんカレー

余分な脂が取れて、おまけに肉がとても柔らかくなる

お正月、おせちに飽きてくると娘がいつも変なリクエストをするんですよ。例えば去年はスパゲッティナポリタンだったの。その前の年は肉じゃが。今年はね、ソース焼きそばかな？　なんて予想してたんだけど、「何が食べたい？」って聞いてみたらカレーライスって言うんですよ。そう言えば私は、近頃エスニックブームで、カレールウを使ったいわゆる家庭料理のカレーをしばらく作っていないということに気がついたんです。うちはね、ポークカレーなんです。私のやり方はものすごく簡単なの。二人分でおかわりができるくらいの分量で作りましょう

か。

豚肉は2~3センチにぶつ切りにしたカレー用のを用意します。ももよりも、バラとか肩ロースみたいな、ちょっと脂があったほうが美味しい。一人150グラムくらい食べたいから、300グラム。

で、どこがほかと違うかというと、肉を茹でるんです。普通、肉をよく炒めるんですけれど、私のやり方は、肉に塩を多めに揉み込んで、熱湯でサッと茹でるんです。中まで火を通すんじゃなく、周りの色が変わるくらい。なぜそれがいいかと言うと、余分な脂が取れて、おまけに肉がとても柔らかくなるから。高齢者の料理教室を持っているんですよ。そこで何か柔らかくする工夫はないかと思って、魚の霜降りからヒントを得たの。鍋物をするとき、霜降りをするじゃないですか。タンパク質をガッと固めちゃうから、茹でてもタンパク質は流れない。

あとは普通に作る。玉ねぎ1個は縦二つに切ってから大きめにザクザク、人参1本、じゃがいも2個は、でっかい一口大に切ります。私は野菜は大きく切るのが好き。鍋にサラダ油を熱して、にんにく、生姜の薄切りをひとかけ入れる。なくてもいい。で、玉ねぎ、豚肉、人参の順に入れて、強火でよく炒めます。人参を手でちょっと触ってみて、熱いっていうぐらい炒めるの。それが美味しさになる。ただ油でジャッとするだけじゃなくて、そういうことが料理でとっても気をつけなければいけないこと。

全体に油が回ったら、水3・5カップを入れます。カレールウの箱にある作り方の分量通りでいい。あればローリエ1/2枚を入れて、フツフツ沸騰してきたら蓋をして弱火で煮ます。20〜30分ぐらいコトコトコトコト……そしてそこへじゃがいもを入れて。でないとじゃがいもが溶けちゃうから、一番最後に入れる。10〜15分くらい煮ると竹串がやっと通るくらいの柔らかさになるので、いったん火を止める。で、カレールウを入れて、よく溶かしてからまた火にかけて、弱火で10〜15分煮込んだらできあがり。ご飯にかけて薬味にはらっきょう、福神漬けを添えてください。

母さんカレー

多めの２人分

【材料】
豚肉（カレー用）　300 g
にんにく・生姜　各ひとかけ
玉ねぎ　１個（200 g）
人参　１本（150 g）
じゃがいも　２個（200 g）
サラダ油　大さじ１
水　3.5カップ
ローリエ　1/2枚
カレールウ　80 g

【作り方】
①豚肉は塩小さじ１（分量外）を揉み込む。湯を３カップほど沸かし、周りの色が変わるまで豚肉をサッと茹でる。
②にんにくと生姜は薄切りにする。玉ねぎは縦２つに切ってザクザクと大きめに切る。人参、じゃがいもは大きめの一口大に切る。
③鍋にサラダ油を熱し、にんにく、生姜、玉ねぎ、豚肉、人参の順に加えて強めの火で炒める。全体に油が回ったら、分量の水とローリエを加えて、フツフツしたら蓋をして弱火で20〜30分煮込む。
④最後にじゃがいもを加えて10〜15分煮る。
⑤じゃがいもに竹串がやっと通るくらいになったら、いったん火を止め、カレールウを加える。よく溶き混ぜてから再び火にかけ、弱火で10〜15分煮込んで火を止める。

豚だけど牛肉のような色

豚肉のワインシチュー

肩ロースが断然美味しい
ドカンとジャージャー焼いてほしい

ちょっとごちそうにしようと思う日の料理をしようかなぁと思いましてね。「豚肉のワインシチュー」です。料理って、本当は文章ではとても伝えにくいのよ。だけどこの料理は実にいい加減でも美味しくできます。

豚肉は肩ロースが断然美味しいです。一人1切れ、厚さは1センチはほしい。本当はそれ以上、2センチあってもいい。シチューというのは、肉に塩、こしょうを早くしておくこともコツ。それらしい味になるのね。

今回シチューに入れる野菜は玉ねぎだけ……マッシュルームくらい入れようか

な。1個でいい。玉ねぎは縦二つに切って、繊維を断つように薄切りにします。

それで、じゃがいもは粉ふきいもに、人参はグラッセに、ブロッコリーは茹でて、別に用意して付け合わせにしてほしいの。季節によっては茹でたサヤエンドウなんかでもいい。グラッセは、ヒタヒタの水でバターと砂糖と塩で煮るんです。大変ならどれか一つでもかまわない。

さて、シチューの作り方ね。厚手の鍋を熱して、サラダ油大さじ1/2を入れて、にんにくの薄切り、玉ねぎをチャチャッと炒めます。

そして二口コンロを使っている人は、横でフライパンを熱して、サラダ油大さじ1/2を入れて豚肉を大きいままドカンとジャージャー焼いてほしいの。中に火が通らなくていい。表面だけでいいから、両面に「牛肉のような色」の焼き色をつけてほしい。牛肉色？　しっかり表面だけこんがりおいしそうな焼き色をつけるんです。すると、牛肉のような色になる。

こっち側のコンロでは、にんにくと玉ねぎを炒めたでしょ、そこに赤ワインを

1カップ、ドボドボドボッと入れます。普通の、安い赤ワインでいいからね。4万円のを入れたい人はどうぞ入れて。赤がなければ白でいい。ただし、日本酒は合わない。いつ栓を開けたかわからないワインもNG。

コトコト煮ているところへ、ウスターソース大さじ1、トマトケチャップ大さじ2、ローリエ1/2枚を入れます。ウスターソースは必ず入れてほしい。と言うのは、香り出しのためにいいんです。ご飯に合わせようと思えば、醤油を小さじ1入れて。そこへ焼き色をつけた豚肉と、マッシュルームを入れます。コトコトコト……煮立ったら弱火で40分煮る。トロッと、まるでデミグラスソースを作ったみたいになるの。

パスタにも合いますよ。クリスマスや誕生日にもいい料理です。

豚肉のワインシチュー

2人分

【材料】　豚肉肩ロース1～2cm厚さ　2切れ（600g）
塩・こしょう　各少々
マッシュルーム（スライス）　小1缶
サラダ油　大さじ1
にんにく（薄切り）　1片
玉ねぎ　大1個（300g）
A　赤ワイン　1カップ
ウスターソース　大さじ1
トマトケチャップ　大さじ2
醬油　小さじ1
ローリエ　1/2枚

【作り方】
①玉ねぎは縦2つに切り、繊維を断つように薄切りにする。
②豚肩ロース肉に、軽く塩、こしょうを振る。
③フライパンにサラダ油大さじ1/2を熱し、肉の両面にこんがりと焼き色をつける。中まで火が通らなくてもよい。美味しそうな焼き色をつけるのみ。
④厚手の鍋にサラダ油大さじ1/2を熱し、にんにくと玉ねぎを炒める。玉ねぎがしんなりしたら、Aを加える。
⑤④に焼いた豚肉とマッシュルームを缶汁ごと加え、煮立つまで中火、煮立ったらぐんと弱火にして40～60分コトコト煮る。
⑥途中で鍋底をときどきこそげ混ぜ、焦げつかないようにする。煮汁がなくなって、焦げそうになったら湯を足す。付け合わせの野菜を添えて。

完全に火を通さないで

玉ねぎ炒飯

具は玉ねぎだけでこんなにも
美味しいってこと、知ってほしい

玉ねぎのみの炒飯を作ります。

ピーマン、ジャコ、ハム、桜エビとか、いろいろ入れようかなと思う心はよくわかる。いいのよ、入れても。だけどね、この玉ねぎだけの炒飯を一回食べてほしい。具が玉ねぎだけでこんなに美味しいんだってこと、知ってほしいのね。

美味しく作れる炒飯の分量は二人分なんです。温かいご飯を400グラム用意します。どんぶりで軽く2杯くらいかな。

玉ねぎは小さめのを1個、大きいのだったら1/2個を粗めのみじん切りにしてください。で、小さいボウルに醬油大さじ1、ごま油小さじ1を入れて、玉ねぎのみじん切りをササッと混ぜておきます。この玉ねぎのみじん切りに調味料を混ぜておくというのがポイント。料理って本当に不思議。全部を適当に炒めればいってもんじゃなくて、こうした玉ねぎ醬油を作って、これを仕上げにバッと入れて炒めると、味が全然違うんですよね。

にんにく1かけもみじん切りにします。

中華鍋か鉄のフライパンをアツアツに温めて、サラダ油大さじ1をなじませたらご飯とにんにくを入れて炒めます。チャカチャカチャカチャカ……触ってみてアチチッとなったら、全体が炒まってきましたよ。そしたら、さっきの玉ねぎを醬油ごと入れる。香ばしい香りがしてくるの。もう書いてるうちにお腹が空いてきちゃった。

底から返すようにジャッジャッと炒めると、焦げやすくなるんだけど、そこがミソ。すごく美味しそうになるんです。で、玉ねぎは完全に火を通しちゃうと甘くなっちゃうから、いい色になってきたら味をみて、ちょっと足りないなと思えば、塩、こしょうをします。それでまたジャッジャッと炒めておしまい。

これ、かき玉スープと一緒に食べるのがいい。玉ねぎ炒飯だけだとタンパク質不足だもん。そうだわ、スープにピーマンやハムを細かく刻んで入れちゃどうかしら？　この炒飯は玉ねぎが勝負。よく炒めてね、ご飯をね！

玉ねぎ炒飯

2人分

【材料】　ご飯　2人分（400 g）
にんにく　1かけ
玉ねぎ　小さめ1個（150 g）
醤油　大さじ1
ごま油　小さじ1
サラダ油　大さじ1

【作り方】　①玉ねぎは粗めのみじん切り、にんにくもみじん切りにする。
②小さいボウルに醤油とごま油を混ぜて、玉ねぎを入れてササッと混ぜておく。
③中華鍋かフライパンを中火にかけ、十分に温める。火を少し強め、サラダ油をなじませてご飯とにんにくを加えて、焼きつけるように炒める。
④ご飯全体がアツアツに炒まってきたら、玉ねぎを醤油ごと加えて、また炒める。味をみて、足りなければ塩とこしょう（分量外）で調える。

違う温度だからうまい
キムチハム餅

ハムがヒヤッ、キムチもヒヤッ
でも餅はアチチ

健康で、なるべくお金をかけず美味しいものを食べる。これがいいことでございますよ。

近頃、餅はすぐ食べられる食材として一年中売ってますね。餅って長持ちしますよね。お正月あとだと、まだ餅が残っているとか。

子どもたちが小学生のときに考えた食べ方なんだけど、焼いた餅の上にキムチをのせて、それをローストビーフで巻いて食べるの。これ、いまだに我が家のメニューになってます。

私ね、大奮発してローストビーフを焼くときがあるんです。年に一度か二度、ハレの日に贅沢をしようってね、ドカンと焼いて、いいとこを見せるの。それで、年の暮れに焼いたローストビーフをお正月にじわじわと餅に巻いて食べてたんですけど、ローストビーフが切れちゃったときにハムを巻いて食べたら、またそれがとってもよく合うの。キムチはとってもいい発酵食品だしね、是非食べてほしい。

餅を焼きます。プワァーッて膨らんでくるでしょ。私なんか焼かないでも膨らんでる。こんがり焼けてきたら、餅の上にポンポンポンとキムチをのっける。ハムは皿の上に置いて、その上にキムチののった焼けた餅をのっけるわけ。で、その上にまたハムをのせる。ハムでサンドイッチにするわけ。ハムがヒヤッ、キムチもヒヤッとしてるでしょ。でも餅はアチチじゃないですか。それを合わせてカプッと食べるわけよ。キムチの汁がこぼれるから皿で受けて食べる。

味付けはしないでそのまま食べるんだけど、醬油をちょっとつけると甘みが出て、それはそれで美味しい。

海苔を巻いて食べても美味しいんです。つまり、キムチをのっけた餅をハムでサンドしたのを、さらに海苔で包んで食べる。これも子どもたちがよくやっていたんですよ。やっぱり、はじめキムチがちょっと辛かったんでしょうね。

細長い大判のハムを最近よく見ますが、あれだとサンドというより1枚でくるりと巻けていいです。

話は全然変わりますけど、私ね、実はハムを醬油で食べるのが大好きなんですよ……白いご飯でね。

キムチハム餅

2人分

【材料】　餅　2個
ハム　4枚（大きいハムなら2枚）
白菜キムチ　適量

【作り方】　①餅はふっくらこんがり焼く。
②焼けた餅の上にキムチをのせる。
③皿にハムを置く。ハムの上にキムチ餅をのせる。
④さらに上にハムを置いて、サンドして食べる。醤油（分量外）を少々つけると甘みが出て、それも美味しい。

鍋物らしからぬメンツ

緑の鍋

1種類ずつ入れて食べるほうが美味しい

食べたあと、本当に気持ちがいい

青空だけど結構風が冷たい。なんかブルブルッと背中に悪寒が走る……そんな寒い日に、すごく美味しいものを食べましょう。こないだはじめて作った「緑の鍋」、葉っぱの鍋を是非もりもり食べてみて。

これね、水菜とか壬生菜《みぶな》の淡泊なもの、それからクレソン、三つ葉を入れるの。クレソンを鍋物に入れるの？　って言われるんだけれど、美味しいんですよ。

鍋って言うと白菜をよく使うけど、この鍋には入れない。常夜鍋って、ほうれん草と豚肉の鍋があるんですけれど、すごくシンプルで美味しい。私、大好きなんだけど、これは「緑」と言いつつも、ほうれん草は入れないの。小松菜も入れない。あんまり合わないのよ。貝割れなんかはいいですよ。

水菜とか壬生菜は1わ、3～4センチの長さに切ります。クレソンは二つに切って、三つ葉はクレソンと同じくらいの長さにしてください。絶対に短く切らないこと。これがコツ。それで、緑の鍋って言っても葉っぱだけじゃしょうがないから、何か入れたいので鱈を1～2切れ用意します。あれば牡蠣でもいい。あと、豚肉のしゃぶしゃぶ用を100グラム用意してください。

土鍋に水4カップ、昆布15センチ入れます。昆布と青菜が合うんです。葉っぱだけだと出汁が薄いから、奮発して昆布を入れてほしいんです。酒1/4カップ、淡口醬油とみりんを各大さじ2加えます。これ、濃口醬油で作るとくどくなるから、かたがた言っておきますが淡口醬油にしてください。吸い物よりもちょい塩辛いという味にする。

火にかけてフツフツしてきたら、鱈、豚肉を入れます。鱈は霜降りとかにいちいちしなくていい。したかったらしてもいいです。そして水菜とか壬生菜を入れる。これまたコツなんだけど、葉っぱが全部混ざり合わないようにする。「はい、壬生菜を入れましょう」「次は三つ葉を入れましょう」っていうように、1種類ずつ入れて食べるほうが美味しい。食べたあとにね、本当に気持ちがいいの。

たれは「ピリッねぎ醬油」にします。長ねぎ15センチを粗くみじん切りにして、醬油大さじ2、七味唐辛子少々を混ぜる。それにつけて食べるだけ。おろし生姜を薬味にしても美味しい。味が薄くなってきたら、柚子こしょうを薬味として入れてみて。極上の味になります。

この鍋、牡蠣ご飯にもよく合うんです。そのときは、鰆と豚肉は鍋には入れない。外食が多いという人は、こういうふうに鍋で野菜をいっぱい食べるといい。一人暮らしの人は一人用の小さい土鍋を持っているといいですよ。水菜や壬生菜っていうのは、非常に体が綺麗になるような気がするの。顔は知らんけどね。冷えのぼせして、ほっぺがちょっと赤いなんてときにも食べるといいんです。

緑の鍋

2人分

【材料】　水菜または壬生菜　1わ（150g）
クレソン　1〜2わ（50〜100g）
三つ葉　1わ（50g）
鱈　1〜2切れ
豚肉しゃぶしゃぶ用　100g
A　水　4カップ
　昆布　15cm
　酒　1/4カップ
　淡口醬油　大さじ2
　みりん　大さじ2
ピリッねぎ醬油　長ねぎ（粗みじん切り）　15cm
　醬油　大さじ2
　七味唐辛子　少々

【作り方】　①ピリッねぎ醬油を作る。材料を混ぜるだけ。
②水菜は3〜4cm長さに切り、クレソンは長さを2つに切る。三つ葉はクレソンと同じような長さに切る。鱈は1切れを3〜4つにそぎ切りにする。
③土鍋にAを入れ、火にかける。フツフツしてきたら、鱈や豚肉を入れつつ、緑の野菜を適宜入れて食べる。野菜はごちゃ混ぜに入れないで、1種類ずつ入れて味わうほうが美味しく、新鮮。

内弟子ノート2

まかないめしうちあけ話

レストランや割烹では、朝昼晩とお店のまかない料理を食べる店が多いですが、小林カツ代キッチンスタジオでも、撮影のない日には必ずまかないがありました。

私、本田が内弟子として入った1982年には、撮影の助手であり新人版画家として活躍をスタートさせていた節子さん、撮影後の富士山がごとき洗い物の山を制覇する光子さんと富士子さんが、曜日で手伝いを担当してくれていました。その頃までは師匠がまかないを作っていたようですが、明日から四月というとき、師匠は私にこう言いました。

「明日から全員のお弁当を作ってきて。1個500円で買うから。自分の分もその中で作るのよ。損しないようにね」

普段、撮影中に師匠のすることも節子さんの行動も、短大を卒業前の見習いでしかない私には早送りのように見えて、何をしたらいいのかわからず、みんな忙しいのに自分だけがなんだか暇で。そんな私をなんとかせねばと思ってくれたのでしょうか。

デジタルカメラの時代ではなく、撮影は1点に30分かかり、一日20点ともなると深夜までおよぶのが普通でしたから、料理を学校のように1、2、3なんて教えている時間はありません。弁当作りで師匠が学ばせたかったことは、献立だったとあとになって聞きました。何と何を組み合わせるとよく合うのか。冷めても美味しくなくてはいけないこと。少人数のときで私と師匠の2個、夏休みに入ると子どもたちの分も含めて6個。撮影のない日は朝早く起きて、師匠のもとへと満員電車やバスの中をエッチラオッチラと、弁当を運んだのです。

内弟子入りして1年すると、Mちゃんという2歳年上の管理栄養士の女性が修業にきました。今度は二人、交代でお弁当作り。かれこれ3～4年がすぎた頃、「お弁当は卒業」と師匠が宣言。合格をもらえたのかわかりませんが、次はまかない担当に命ぜられました。そのとき、キッチンスタジオのスタッフは10人ほど。当時私は25歳。Mちゃんは独立して管理栄養士の道へ羽ばたき、キッチンスタジオを卒業したあと、あらたに管理栄養士のCちゃんが勉強のために修業にきて、今度はまかないが、そのCちゃんと私の仕事になったのです。

冷蔵庫からガサガサと好きなものを取り出して、おかずを好きなだけ作れるのは本当に楽しいものです。時折、助手の加藤さんや甲田さんが手伝ってくれました。お弁当もまかないも、食べながらほめてくれるし、調理する姿を見ていないのに、「こうしたでしょ」とズバズバ当てたり、「こうしたらいい」と間違っていること、正しいことを教わる素敵な時間だったのです。注意されることは、たくさんのことを教わる場所でもありました。
その後、私はまかないを卒業させられ、新人スタッフの登竜門となりました。注意を素直に受け取れず、怒られたと勘違いして心が折れて辞めていく人も大勢いました。「先生は作り方も教えてくれないのに、注意されて傷付きました。最初から教えてくれれば……」と。年に何十通も届く助手志願。せっかく選ばれたのに、「あ、あ、もったいないな」と辞めていく背中を何十人も見送ったものです。

料理スタッフだけでなく、経理担当者や商品開発担当者などが一堂に会したところで、あーだこーだと言われるのは自尊心が傷付くのかもしれません。料理の仕事に就き、社会の中で活きた料理を伝えていく世界では、まかない

でどれだけのことを覚えていくか、本当にとても重要なんですけれどね。

さて、「カツ代のまかないめし」の章には、キッチンスタジオのスタッフが大好きでよく出てきたものを選びました。あの頃、まかないで師匠に合格点をもらったスタッフたちは、いまも食の世界でそれぞれ働き続けています。

実は、誰もがまかないでなかなか合格をもらえなかった料理があるんです。何かわかりますか？　おにぎり、味噌汁、ほうれん草のおひたし、そうめん。シンプルなものほど、味のブレが大きいということでもありますね。シンプルなレシピをいかに美味しく作るのか、これは料理の世界にいる人には一生の課題だと思います。

大阪の母の味

出合いは劇的に

うなきゅうご飯

炊きたてご飯、ちょっと温かいうなぎ
そこへきゅうりをピャッピャッピャッピャッ

うなぎときゅうりは出合いものなんですよ。なぜかこのご飯は夏じゃないと美味しく感じないの。

とは言え、うなぎはいま、絶滅の危機。近頃は煮あなごがよく出回っていて、どこぞの硬いゴムみたいなうなぎより、国産あなごで作るのが美味しい。

三人分の分量が作りやすいです。

きゅうりは1本、縦に4等分に切ってから2〜3ミリ幅の小さいいちょう切りにします。きゅうりは薄いほうが美味しい。もしスライサーをお持ちなら、縦4

等分にしなくていいんです。シャッシャッシャッと薄～く輪切りにしてください。文明の利器を大いに活用しましょうよ。そして塩をパラパラッと振ってサッと混ぜておきます。10分くらいすると、水分が出てきます。そしたら、ヒタヒタの水でザッと洗ってギュッと絞ってください。

うなぎの蒲焼き1串を用意します。ちょっと温めておくといい。それをうざくみたいに切ります。うざくっていうのは、つまり、1センチ幅くらいにザクザク切ること。

で、炊きたてご飯を大きいボウルとか何かに移して、サクッと木べらでほぐしてから、切ったうなぎを散らす。ご飯は絶対温かくないとダメ。

そこへ米酢小さじ2～4を振ります。うなぎにたれがついてくるじゃないですか。もしあれば、それも回しかけます。これは好き好きでどうぞ。

そこへきゅうりをピャッピャッピャッピャッピャッと混ぜます。

ここに忘れてならないのが実山椒の佃煮。これは絶対に買ってきておいてほしいの。どうしてもないときはしそでもいいです。でも、うなぎには絶対、実山椒の佃煮。で、それをピャーッと散らします。

全体をササッと混ぜたら盛りつけます。もみ海苔なんかのっけてもいいですねえ。

うなきゅうご飯

3人分

【材料】　うなぎ蒲焼き　1串
きゅうり　1本
塩　小さじ1/4
実山椒の佃煮　大さじ2
炊きたてご飯　3人分（1.5合分）
米酢　小さじ2〜4
うなぎに添付のたれ（あれば）　1袋

【作り方】　①きゅうりは縦4等分に切り、2〜3mm幅の小さいいちょうに切る。きゅうりをボウルに入れて、塩を振って全体をササッと混ぜる。
②10分くらい置くとしんなりするので、ヒタヒタに水を入れて、ササッと混ぜて水気を絞る。
③うなぎの蒲焼きは1cm幅くらいにザクザク切る。
④炊きたてのご飯を大きいボウルか器に移し、うなぎの蒲焼きを散らす。上から酢を均一に回しかけ、たれもあれば回しかける。
⑤きゅうりと実山椒を散らして、全体を混ぜて盛りつける。

おかずのようなデザートのような
トマトのスイートジンジャーサラダ

剝くまで冷やして
剝いたあとも冷たーくしといて

トマトのものすごく変わった食べ方なんですけれども、真っ赤っかのトマトがいっぱい売ってたら作ってみてほしい。

トマト2個は熱湯で湯剝きします。トマトの皮は普段めったに剝かないけれど、これは剝いたほうが味がシュ〜ッとしみ込んで美味しいから、ひと手間惜しまずやってみてください。1個につき、8〜10秒熱湯にチャポンと入れて、それから剝くまで冷やしてほしいんです。さらに剝いたあとも冷蔵庫に入れて冷たーくしといてくださいね。この料理で気をつけておきたいのは、トマトを冷たーく冷やさなきゃいけないことなの。

冷やしてる間に生姜ひとかけを千切りにしてください。繊維に沿って薄切りにしてから縦に千切り。新生姜でも美味しいので、あればそっちを使ってください。玉ねぎ1/4個は、これも繊維に沿った薄切りにします。でも、玉ねぎはなくてもいいです。

そしてね、甘酢を作ります。砂糖小さじ2、酢小さじ2、塩ひとつまみを合わせる。舐めてみて、「あら、甘い。こんな甘くていいの？」という甘さにするのがコツなの。甘い、って言うぐらいでないとダメなんです。そこへ刻んだ生姜、玉ねぎをぶち込んでください。

そしたら冷たくなってきたトマトを7～8ミリの薄切りにします。輪切りにしたらすごく味がしみて美味しいんだけど、食べにくいという人は八つ割くらいのくし形に切ってかまいません。でもね、輪切りのほうがいい。

大きい皿に切ったトマトを広げるように並べて、さっきの甘酢をバーッとかけて。これはスイートジンジャーですから、おかずというよりも、冷たーくして、何か油っこいものを食べたあとにもよく合う。すっごく美味しいです。それから、夏の暑い日に、ビールのお供に最高です。シャキッとした野菜炒めにも合うんです。

このサラダ、私がプロデュースしたピスタチオカフェという店（現在閉店）のスタッフ、ナカジマの話だと、夏場はティータイムのときにケーキよりもオーダーが入ることが多々あったみたい。15〜20人の団体さんから注文を受けて、大急ぎで近くのデパ地下にトマトを買いに走ったこともあったとか。

トマトのスイートジンジャーサラダ

2人分

【材料】　トマト（完熟）　2個
生姜　ひとかけ（5～10g）
玉ねぎ　1/4個（50g）
砂糖　小さじ2
酢　小さじ2～3
塩　ひとつまみ

【作り方】
①湯を沸かし、トマトを1つずつ8～10秒熱湯にくぐらせ、すぐに冷水につけてから皮を剝く。
②生姜は繊維に沿って薄切りにしてから、縦の千切りにする。
③玉ねぎも繊維に沿った薄切りにする。
④砂糖、酢、塩を混ぜ合わせ、そこに生姜、玉ねぎを加えて混ぜる。
⑤トマトを7～8mm厚さの薄い輪切りにして器に並べ、④につけた生姜と玉ねぎを散らす。残りの甘酢も回しかける。すぐに食べなければ、このまま食べるまで冷やす。

縮ませない。そして熱く
カニときのこのピラフ
塩、こしょう、醬油をよく混ぜ合わせ
そのあと、最後に入れるのがカニ

きのこ狩りで、すごいことになった友人がいるんです。車で山に行ったとき、道端で買ったの。大丈夫ですか、って訊いたら「地元の人はみんな食べてる」って。でも嘘だったんですよ。救急車で搬送されて胃洗浄して助かったの。秋になると「あれ、これ何だろう」って珍しいきのこが出てくることがありますけど、普通のきのこでいいですから、「カニときのこのピラフ」を是非作ってみてほしいの。このピラフは具を先に炒めるの。最高に美味しいです。

私、エリンギっていうきのこが好きなんですよ。松茸の顔色を悪くして、笠を小さくしたようなの、あるでしょう？　エリンギを1本用意します。石突きを切り落として、二つに切って、食べやすい長さの薄切りにします。マッシュルーム5〜6個、しめじ1パックも石突きを切り落としたら食べやすいように裂きます。きのこは何種類でもいいし、1種類でもいい。

カニは缶詰を使うんですけど、一番安いズワイガニの缶詰でもいいし、もちろんお財布が豊かなときはそれなりにお金を出してタラバの缶詰でもいい。冷凍のカニを解凍して身をホジホジホジホジホジホジすると豪華なのに安くつく。だいたい片手にいっぱいで、二人分ぐらい。

フライパンにオリーブオイルとバターを入れます。このとき、オイルの上にバターを置いてから火を点けます。でないと焦げるから。で、バターがジュワジュワジュワジュワとなってきましたら、にんにくのみじん切りを入れます。いい匂いがしてきたら、きのこを入れます。火を強めて炒めます。塩、こしょう、醤油も加えてよく混ぜ合わせます。カニは最後に入れる。でないと縮むの。縮むと腹が立つの。で、サッと炒めます。手でちょっと触ってアチチとなればいい。カニが熱くないと美味しくないんです。

味をみて美味しいと思えば、火を止めてください。そしてすぐに温かいご飯と混ぜます。よく混ぜ合わせようと思って、丁寧に混ぜてください。

器に盛って、レモンをジュッと絞っても美味しい。このピラフ、カニの色も綺麗なのよ。インスタントのスープでもいいから添えると、なお献立としていいですね。

カニときのこのピラフ

2人分

【材料】　温かいご飯　2人分（300g）
カニ缶　小1缶
エリンギ　1本（50g）
マッシュルーム　5～6個
しめじ　小1パック（100g）
にんにく（みじん切り）　ひとかけ
塩　小さじ1/2
こしょう　少々
醤油　小さじ1
オリーブオイル　大さじ1/2
バター　大さじ1

【作り方】　①カニはほぐしておく。
②エリンギは石突きの硬いところを切り落とし、食べやすい長さの薄切りにする。マッシュルームとしめじも石突きを切り落とし、食べよく裂く。
③フライパンにオリーブオイルとバターを入れて中火にかける。バターが溶けはじめたら、にんにくを加えて炒める。
④にんにくのよい香りがしてきたら、火を強め、②のきのこ類を炒める。全体をアツアツに炒めたら、塩、こしょうを振って醤油を回し入れ、カニを加えてサッと炒める。
⑤火を止めてからすぐにご飯を加えて、丁寧に混ぜ、器に盛りつける。

仕上げの熱湯

百合根粥

自分好みの柔らかさ、ユルさに調節

それがカツ代流

百合根って茶碗蒸しに入ったりすることが多いし、高級なイメージがあるんだけど結構安いときがある。出はじめとか、お正月のあとだとか、ちょっと安いんですよね。

百合根と米だけで作るお粥です。

米1/2カップは、洗ってザルにあげ、水気を切ったら鍋に入れ、水2・5カップを加えて30分くらい浸水させておきます。水の基本の分量は、米の5倍。これは「全粥」といって基本なので、覚えておくといいです。

お粥の作り方でよく質問されるのが、ご飯を炊くときのように米をといだあと、すぐ炊くのか？　それとも浸水させておくのか？　これはね、どちらかと言うと、ご飯と一緒で、10〜30分は浸水したほうが、ふっくら、いい感じに仕上がります。時間がなければすぐ炊いてしまってもいいけれど、好みの柔らかさにするには25〜30分では足りなくて、40〜45分かかるから、かかる時間はトータルで同じかな。ガス代を考えると、米を洗ったあと、せめて10分置くほうがベターかも。

百合根は洗って1片1片綺麗にほぐします。黒いところがあったら包丁で削ってください。

そして、百合根を入れて中火にかけます。蓋を少しずらして。百合根は最初から入れるの。そうすると、本当になんとも言えない滋味。

で、フツフツしてきたら弱火にして25〜30分ただコトコトと煮るだけ。吹きこぼれにくれぐれも気をつけて。

最後に、仕上げとして$\frac{1}{2}$カップの熱湯を注いでください。$\frac{1}{2}$カップ以上になってもいいですから、最後に熱湯を差して、自分の好みの柔らかさ、ユルユルに調節するの。これがカツ代流、美味しさのコツなんです。お粥をドロリと食べたいか、サラリと食べたいかってこと。

そしたら塩小さじ1/2を加えて、水で濡らした箸で切るように混ぜてから火を止める。蓋をして5分蒸らしたらできあがり。

お粥って、それはそれはいろんな種類があるんですよ。七草粥、ニラ粥、えのき粥、アワビ粥、大豆粥、小豆粥、銀杏粥、空豆粥、蕎麦茶粥、五穀粥、里芋粥……桜を白粥に入れた桜粥なんかは、春だけの楽しみね。一年中、旬の味を楽しめるし、お粥は作る人も食べる人も美人にするんですよ。

百合根粥

2人分

【材料】 米　1/2カップ
水　2.5カップ
百合根　1個（150 g）
熱湯　1/2カップ
塩　小さじ1/2

【作り方】 ①米は洗ってザルで水気を切って鍋に入れ、分量の水を入れる。
②百合根は洗って1片ずつほぐし、黒いところは包丁で削る。
③①に百合根を入れて、少しずらして蓋をし、中火にかける。
④フツフツしてきたら弱火にし、吹きこぼれに気をつけて25〜30分炊く。
⑤炊き上がったら熱湯を差して、自分好みの柔らかさに調節する。
⑥塩を加え、水で濡らした箸で切るようにして混ぜる。
⑦火を止め、きっちり蓋をして5分蒸らす。

かけたい時間は15分
れんこんと鶏の生姜煮

れんこんが糸を引くの
冷め加減が美味しい

れんこんはハスともいいますね。れんこんって、昔は下ごしらえするのに時間がかかったけれど、今は早くできる。なぜかと言うと、昔のれんこんのほうが硬かった気がするの。

「れんこんと鶏の生姜煮」、本当に簡単で美味しい料理です。ただ、時間を15～20分ぐらいかけたいの。

れんこんは1節、300グラムを用意します。親指から人差し指をピッと伸ばしたぐらいの長さね。皮を剝いて、1センチぐらいの厚さに切ります。切ったはしからすぐに水に入れていくの。酢水じゃなくていいです。れんこんは繊維が集合したみたいな野菜だから、酢水に入れると酢を吸い込んで煮物には向かなくなるのね。

鶏団子を作ります。鶏挽き肉200グラム、長ねぎ10センチはみじん切り、酒大さじ1、塩小さじ1/4、片栗粉大さじ1、ごま油少々と混ぜ合わせます。

鍋の中をザッと水で濡らして、生姜の薄切り3〜4枚、水2カップ、淡口醬油大さじ1・5、みりん大さじ1・5を入れます。出汁はいらない。

さっきのれんこんを入れて弱めの中火にかけます。フツフツフツ……ってしてきますね。そしたら、鶏団子を入れていきます。一番いいのは、スプーンで大きめの一口大にポトンポトンと入れていくのがいいけれど、もう好きなような入れ方をしていいわ。いっぺんにバーッと入れてもかまわない。ただ、バラバラにすると汁が濁るから、肉が団子状にまとまるように入れること。綺麗な団子じゃなくていいですから。

蓋をして、弱めの中火で10〜15分くらい、コトコトコトコト……。れんこんが柔らかくなるまで煮てできあがり。

れんこんはサッと煮て仕上げるより、時間があれば少し時間をかけてコトコト煮るとね、糸を引くの。冷め加減が美味しいですね。

れんこんと鶏の生姜煮

3～4人分

【材料】　れんこん　1節（300 g）

鶏団子
- 鶏挽き肉　200 g
- 長ねぎ（みじん切り）　10 cm
- 酒　大さじ1
- 塩　小さじ1/4
- 片栗粉　大さじ1
- ごま油　少々

煮汁
- 生姜（薄切り）　3～4枚
- 水　2カップ
- 淡口醤油　大さじ1.5
- みりん　大さじ1.5

【作り方】
①れんこんは1 cm 厚さの輪切りにする。
②鶏団子の材料を混ぜ合わせる。
③鍋の中を水で濡らし、煮汁の材料とれんこんを入れて、弱めの中火にかける。
④フツフツしたら鶏団子をスプーンで大きめの一口大にまとめながら入れていく。
⑤蓋をして弱めの中火で10～15分、れんこんが柔らかくなるまで煮る。

大根のしっぽがほしくなる

牡蠣ご飯

大根でささらを作ってサラサラと
牡蠣を洗えばピカピカに

牡蠣は疲れを取るといわれている栄養素のグリコーゲンたっぷりで、海のミルクともいわれるくらい栄養があって、私、大好きなの。

「牡蠣ご飯」、私の作り方だと絶品。何が違うかというと、東京では牡蠣は最初から入れないんですよ。縮むのがイヤだとかケチなことを言っちゃってね。私、その作り方、間違ってると思った。炊き込みご飯に入れる牡蠣は小さめが理想なんだけれど、どっちでもいいから絶対に美味しいので是非作ってみてほしい。

米は2合用意してください。洗うでしょ、そして普通に炊くときと同じように水加減して30分ぐらい浸水するでしょ。その間に牡蠣を洗うわけなんだけど、牡蠣は300グラム用意してください。

牡蠣を洗うのに大根おろしなんて言う人がいるの。もったいない、そんなもん。牡蠣を洗うときに一番いいのは、もう捨てようかなっていうような大根のしっぽなの。あれをささら（ほうき）みたいに切って、サラサラと牡蠣を洗うんですよ。このとき、牡蠣をザルに入れると傷つきすぎるから、ボウルに入れる。さあ、大根のささらでサラサラとなでると、真っ黒けっけーの灰汁が出てきます。そしたら水で2〜3回ゆすぎます。綺麗、ピカピカになります。私も自分を大根で洗いたいぐらいですよ（笑）。

もう一つ大事なことは、生姜です。生姜は1かけ、親指の先ぐらいの量を用意したら千切りにして。

次に、浸水しておいたところから大さじ3〜4の水を取ってください。調味料を入れるから、その水分量の水を減らすの。で、調味料を準備します。酒大さじ

2、醤油大さじ1、みりん小さじ1、塩小さじ1/2。調味料を入れてひと混ぜしたら、牡蠣と生姜をのせます。調味料を入れたらササッと混ぜますが、牡蠣をのせたら絶対に混ぜない。牡蠣は上に泳がせるようにのせて。そして、すぐ炊飯器をスイッチオン。普通に炊いてください。

炊き上がったら十分に蒸らして、底のほうから全体を混ぜます。

盛りつけるとき、あれば柚子の皮を刻んだものをちょっと散らしたりするといいですね。三つ葉のお吸い物なんか合いますよ。

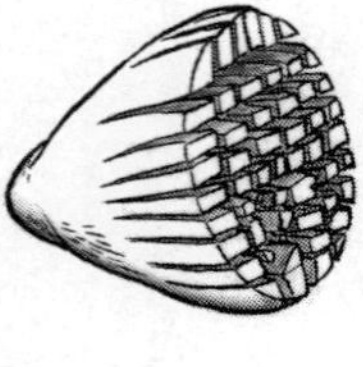

大根のしっぽに
格子状の切り込みを入れ、
ささらを作る

牡蠣ご飯

4人分

【材料】　米　2合
牡蠣　300g
生姜（千切り）　1かけ（10g）
A ｛酒　大さじ2
醬油　大さじ1
みりん　小さじ1
塩　小さじ1/2

【作り方】　①米はよく洗い、通常通りに水加減して30分くらい浸しておく。
②大根のしっぽにささらのように切り目を入れて、牡蠣をサラサラとなでて洗う。ときどき水を替えながら、水が綺麗になるまで丁寧に洗い、水気を拭く。
③①の米の水を大さじ3～4取り除き、Aの調味料を加えてひと混ぜし、牡蠣と生姜をのせて普通に炊く。
④炊き上がったら底のほうから全体を混ぜる。器に盛り、あれば刻んだ柚子の皮（分量外）を散らす。

ゆっくり10数えて
ちりめんオムレツ

10数えたら、菜箸かカレースプーンでグルッグルッ
フワッフワッフワッと空気を入れるように

ちりめんじゃこを使った、和風のオムレツを作りましょう。じゃこはね、鰯の子どもネ。柔らかいのでも硬いのでもいいですけどね、硬いのを使うときはちょっとふやかして柔らかくしてから使います。大さじ2用意してください。

じゃこだけだとちょっと生臭いから、長ねぎも入れます。2センチぐらいを粗くみじん切りにしてください。ここに大阪人は紅生姜を入れるわけですよ。小さじ1用意して、これもみじん切りにします。

オムレツですから卵を使うんですけど、卵は春が美味しいの。暖かくなってくると味もよくなってくる。1個二十何円だし、ポコポコポコポコ産むと思うじゃないですか。違うの。陣痛もあってね、とても苦しんで産むんですよ。うちで小林三春ちゃんっていうニワトリを飼ってたから知ってるんだけど、本当に一所懸命産むよ。だから、卵を割ってちょっと血が入ってるからポイッて捨てたりしちゃダメよ。とんでもないです。

それで、卵は一人2個としましょうか。ボウルに卵を溶いて、ちりめんじゃこ、みじん切りにした長ねぎと紅生姜を混ぜ混ぜします。

フライパンを中火で熱したら、油を入れるでしょ。サラダ油でもごま油でもいい。で、さっき混ぜたのを半量ビャッと入れるわけです。入れてから、そのままゆっくり10数えてほしいんですよ。1、2、3、……。10数えると、卵のまわりが固まってきます。あのね、焦げ目とか肉の色が変わるとか、目で見るのも大事なんだけど、こういう間合いも大事にしてやっていこうと思ったんです。私、ラジオ番組をやってるじゃないですか。この間、目の不自由な方たちがいつも楽しみに聞いてくださってるっていうのがわかって、そうした方たちにもわかるようにしたい。

でね、10数えたら、菜箸でもカレースプーンでもいいですからグルッグルッと、ちょっとこうフワッフワッフワッと空気を入れるように混ぜて、鍋肌に寄せちゃっていいから二つ折りにするの。オムレツの形になればいい。

これには醬油と大根おろしを添えるのがいい。ケチャップは合いません。

そうそう、大事なこと。オムレツは一人分ずつ作るほうが断然美味くて嬉しいです。

ちりめんオムレツ

2人分

【材料】　卵　4個
ちりめんじゃこ　大さじ2
長ねぎ　2cm
紅生姜　小さじ1
サラダ油またはごま油　小さじ2

【作り方】　①長ねぎと紅生姜は粗みじん切りにする。
②ボウルに卵を溶き、ちりめんじゃこ、長ねぎ、紅生姜を加えて混ぜる。
③フライパンを中火で熱し、油を回し入れ、②の1/2量を一気に流し入れる。
④菜箸やカレースプーンなどでグルッグルッと、フワッフワッフワッと空気を入れるように混ぜ、端に寄せて、オムレツ形に整えながらふんわり焼き上げる。もう1人分も同じように焼く。

汁気がなくなるまで
牛肉のしぐれ煮

心配なぐらい水分が少ないけど
これが「しぐれ煮」なのね

あるとき、「牛肉のしぐれ煮を作るコツがありましたら、是非教えてください」というお便りをいただきました。中学生の息子さんがいらっしゃるそうで、しぐれ煮はお弁当にもちょうどいいし、切り落としの安い、本当にボロボロの牛肉でいいので、気楽に作ってほしい。でも、柔らかく煮たいので、安いのでいいから国産肉にしてほしい。

牛切り落とし肉は300グラム、あまりにもごつい肉が入ってたら、チョッチョッチョッと切ってください。ボロボロでもいいからって、あんまりボロボロに切らない。

これね、人参を入れると甘さがあって美味しいんですよ。1本を薄いいちょう切りにします。だいたい片手に1杯ぐらいの量になる。

生姜を親指大、皮つきのままで千切りにします。このとき、繊維が縦になるように千切りにしてください。

そして、鍋の中を水でザッと濡らしてから、調味料を入れます。水、砂糖、酒、醬油を各大さじ3、みりんは好みの量で甘さを微調整します。甘いのが好きな人はみりんを大さじ3、甘くしたくない人は大さじ1にしてください。いま書いた順に入れてください。水から入れないと焦げついちゃうから。

火にかけて煮立たせます。フツフツしてきたら、牛肉、生姜を入れます。人参以外のものが全部入りました。で、じーっと見てるわけ。フツフツフツ……肉に火が通ったら人参を加える。このときはまだいじらない。表面を平らにならすだけ。なぜかと言うと、肉汁が出るから。下手な人ほどいじるの……そう言うといじりたくなくなるでしょ（笑）。

心配なぐらい水分が少ないんですけど、これがしぐれ煮なのね。蓋をしてちょっと火を落として弱めの中火でフツフツフツフツ……もうそろそろ煮汁がなくなってきた……フツフツフツ……汁気がなくなるまで煮たら、混ぜる、混ぜる。テカッ、コテッ、できあがり。人参は少々硬めでもかまわない。

大人はね、山椒の実なんか入れてもいい。

牛肉のしぐれ煮

作りやすい分量

【材料】　牛切り落とし肉　300g
人参　大1本（200g）
生姜（千切り）　30g
煮汁
- 水　大さじ3
- 砂糖　大さじ3
- 酒　大さじ3
- 醤油　大さじ3
- みりん　大さじ1～3

【作り方】　①人参は薄いいちょう切りにする。
②鍋の中を水で濡らし、煮汁の材料を記載順に入れて火にかける。
③フツフツしてきたら、牛肉、生姜を加えて、強めの中火で煮る。
④肉に火が通ったら、人参を加えて表面を平らにならす。蓋をして火を弱めの中火に落として、煮汁が完全になくなるまで10分ほどコテッと煮絡める。

油揚げが味をバッと吸い込む
きんちゃく玉子
必ずフツフツ煮立っているところへ
ソロリソロリと1袋ずつ入れる

なんか私、近頃ケチな料理ばっかりしている気がちょっとするんですよ。でもね、いいじゃん。

「きんちゃく玉子」というのをお教えします。油揚げと卵だけ。これ、簡単よ。でも私の発明じゃなくて、昔からある有名な料理なの。卵だけじゃなく、白滝とか鶏肉を油揚げの中に入れるのは「宝袋」といって、これはまた別の料理ね。昔、卵が贅沢品だった時代があったんですよ。

油揚げ1枚は半分に切って、パンパンパンと叩いて空気を入れて、両手の親指を入れてピャーッと開いて袋にする。切らないうちにパンパンパンやらないでね、破けるから。おいなりさんを作るみたいにするわけ。ですから、おいなりさん用にもう開けてあるのが売っていたら、それを使っていいです。お豆腐屋さんで油揚げを買う人は、おいなりさん用と言えば袋にしやすいのを売ってくれます。

袋にした油揚げの口のまわりをめくるように開いて、湯呑みとか小さい容れ物の中に置いてください。その開いた油揚げに卵をポンと割り入れるだけなの。大きい卵はダメ、S玉かM玉ぐらい。そして、今度は両脇から油揚げの口を閉じるわけ。食パンの袋を閉じるみたいにしたら、爪楊枝を刺して留めるの。あっという間にきんちゃくができるでしょ。本当はね、かんぴょうで結ぶといいんだけど、いつもあるとは限らないし、面倒ねと言われそうだし。

あとはこれを甘辛く煮るだけなんです。煮汁は、出汁1カップ、みりん小さじ2、砂糖小さじ2、醤油大さじ1・5。出汁がなかったら水でもいいです。舐めてみて、ちょっと濃いめの味にする。鍋に入れて煮汁を煮立てたら、そこへさっきのきんちゃくをソロリソロリと1袋ずつ入れます。必ずフツフツ煮立っているところへ入れてください。そうすると油揚げが味をパッと吸い込んで、卵もパッと固まるから。

で、きんちゃくを入れると隙間が空くじゃないですか。そこへ薄く輪切りにした人参とかいんげんを入れて一緒に煮ると美味しく食べられるの。袋の中じゃないですよ、鍋の隙間を埋めるのよ。ただし、これも必ずフツフツ煮立っているところへ入れてください。わりと強めの中火がいいですね。蓋をして中火で5分くらいしたらできあがり。

アツアツに練り辛子をつけて食べるのもいいし、冷めると美味しいの。お弁当のおかずにいいです。ひな祭りでお寿司とか豪勢な料理をしたとき、添えて食べるととっても美味しい。

きんちゃく玉子

2人分

【材料】　油揚げ　1枚
卵　2個
煮汁　出汁または水　1カップ
　　　みりん　小さじ2
　　　砂糖　小さじ2
　　　醤油　大さじ1・5
人参、いんげん　各30gぐらい

【作り方】　①油揚げは半分に切り、1枚ずつめん棒などを転がして軽く伸ばすか、両手でパンパンパンと叩いて空気を入れ、そっとはがして袋状にする。ぬるま湯で洗って、口を下にしてそっと絞る。
②人参は2〜3mmの薄い輪切り、いんげんは筋があれば取り除き、長さを2つに切る。
③小さい容器に油揚げの袋を口を上にして置く。油揚げの中に卵をそっと割り入れて、口を爪楊枝で縫うように留めてきんちゃく袋にする。
④煮汁を煮立て、フツフツしてきたところへ③を1つずつていねいに入れる。
⑤空いている隙間に人参といんげんを入れ、蓋をして中火で5分煮る。

金銭の問題ではありません

焼き鰺そうめん

鯛そうめんからヒントを得た
鰺とめんつゆの競演

鰺とそうめんがすっごく合うって知ってますか？　焼いた鰺をめんつゆの中に入れたことある？　鰺とめんつゆ、ものすごくよく合うから、絶対やってみてほしい。

鰺2尾は、ハラワタとゼイゴを取って、頭も骨もついたまま、全体に塩を振って焼きます。あとでつゆの中に入れて食べるから、あんまり塩を振りすぎない。

つゆを作ります。鍋に出汁2・5カップ、酒、みりん各大さじ1、淡口醤油大さじ2を入れて火にかけます。フツフツしてきたら火を止めて冷まします。

でも、「あぁ、今日はそうめんにしよう」と思って一から出汁を取る人はあんまりいないでしょう。市販のつゆを使ってもよしとしましょう。作ったつゆを冷ます時間のないときもありますね。待てません。市販のつゆを使うときは、少し濃いめの吸い物くらいに薄めて。でも、一度でいいから腹を括って、出汁を取って作ってみてください。美味しいこと間違いないですから。

そしたら、普通にそうめんを茹でます。袋の表示に従って、記載されている時間通り茹でて、よーく洗ってザルにあげて水気を切る。

さあ、盛りつけます。器に冷やしたつゆを張って、そうめんを泳がせるように盛りつけたら、焼いた鯵をポーンとのせる。生臭くなると思ったらとんでもない。もし入れるのが嫌だったら、鯵は鯵で別の皿に盛って、そうめんと交互に食べてもいい。

で、薬味ものせます。ミョウガ、青じそ、わけぎ、おろし生姜、白ごま。おろし生姜だけでも美味しいです。私はおろし生姜はたっぷり、たっぷり用意します。

焼き鯵をホジホジと箸に取って、そうめんと一緒に食べる。焼き鯵の香ばしさが美味しいんです。

大阪では、鯛そうめんという料理があって、焼いた鯛をのせて食べるんです。だけど庶民にはなかなかね。金銭の問題じゃなくて、鯵でも非常に美味しいから、是非やってみてください。これはいいですよ。骨入れ用の器を用意してね。

焼き鰺そうめん

2人分

【材料】

鰺　2尾
塩　小さじ1/2
そうめん　150g（3束）
つゆ
- 出汁　2.5カップ
- 酒　大さじ1
- みりん　大さじ1
- 淡口醤油　大さじ2

薬味
- ミョウガ（千切り）　1個
- 青じそ（千切り）　5枚
- わけぎ（小口切り）　大さじ2
- おろし生姜　適量（10〜15g）
- 白ごま　小さじ2

【作り方】

①鰺はハラワタとゼイゴを取り、塩を全体に振って塩焼きにする。焦げやすい尾頭とヒレ部分に塩を多めに振って焦げないようにするといい。
②出汁を火にかけ、酒、みりん、淡口醤油を加えてフツフツしてきたら、火を止めて冷ます。
③そうめんは袋の表示通りにたっぷりの熱湯で茹で、よく水洗いしてザルにあげて水気を切る。
④器に1人分ずつ冷たいつゆを張り、そうめんを泳がせるように盛りつける。鰺の塩焼きをのせる。
⑤薬味をのせてできあがり。この中の2〜3種類あればOK。骨入れ用の器を用意すると食べるときラクラク。

絶対に水っぽくならない
春菊と人参の白和え

全部冷めてから和えていく
一度にバッと入れない

和え物って私、大好きなの。水っぽくない作り方をお伝えしましょ。「春菊と人参の白和え」、綺麗で美味しい。

木綿豆腐1/4丁は水切りします。キッチンペーパーで包んで重しをして、30分くらい放っておく。その間に人参と春菊を茹でたいの。

人参はだいたい4センチ、50グラムを細切りにします。斜め薄切りにしてからマッチ棒くらいの太さに切る。春菊の食感とよく合います。

で、鍋に人参と水1カップと塩小さじ1/4を入れて火にかけます。フツフツツフツしてきたら、水1カップを足す。そうしてまたフツフツフツフツしてきたら、そこに春菊1/2わを入れる。春菊は茎の硬いところを1~2センチ切り落とすくらいでいい。このとき、春菊は人参の上にあるのよ。いちいちもったいないから、同じ湯で茹でるの。

そして、春菊だけひっくり返したら鍋から引き上げて、ザルに早くパーッと広げて冷ます。決して水には取らない。茹でたあと、水に放ってキュッと絞ると言う人多いの。これ、ダメ。絶対ダメ。ビショ、スジッとして味が落ちる。

人参もザルに広げて冷まします。冷ましている間に和え衣を作ります。すり鉢に、白すりごま大さじ2、砂糖大さじ1/2、淡口醤油大さじ1を入れて、よーく混ぜます。そこへしっかり水切りした豆腐を入れてよくすり混ぜる。すり鉢がなかったら、ボウルでもいい。豆腐はつぶすだけでもいいわ。味見してみて、ちょっと濃いなと思う味にして。なぜかと言うと、和え衣だけで食べるわけではないからなの。

冷めた春菊を3センチぐらいの長さに切って人参と合わせ、醬油小さじ1/2を全体に振ります。それをさっきの和え衣に次から次から和えていく。和えるときのコツは、一度にバッと入れないこと。少し入れて和える、少し入れて和える、というふうにしたほうが、絶対水っぽくならない。具に膜ができるからなんです。この作り方、是非やってみてほしい。

春菊と人参の白和え

2人分

【材料】　春菊　1/2わ
人参　4cm（50g）
醤油　小さじ1/2
木綿豆腐　1/4丁（100g）
A　白すりごま　大さじ2
　　砂糖　大さじ1/2
　　淡口醤油　大さじ1

【作り方】
①豆腐はキッチンペーパーなどで包んで重しをし、20〜30分しっかり水切りをする。
②人参は細切りにして、鍋に入れ、1カップの水と塩小さじ1/4（分量外）を入れて火にかける。フツフツしてきたら水をまた1カップ足す。
③次にフツフツしてきたら春菊を入れる。人参が下にあるけれど、春菊だけ上下を返す。
④すぐにザルに広げて冷ます。春菊は大急ぎで広げてなるべく早く冷まして、3cm長さに切る。人参と合わせ、醤油を振っておく。
⑤すり鉢にAの材料を入れて、すりこぎでよくすり混ぜる。ごまがねっとりしてきたら①の豆腐を加え、なめらかになるまでよくすって、和え衣を作る。
⑥和え衣に人参と春菊を2〜3回に分けて加えて和える。

厚揚げだけは省かない いとこ豆腐のみぞれ煮

いとこたちと大根おろし
このほかには、あんまり入れないの

厚揚げ、木綿豆腐、焼き豆腐……これ全部を入れた鍋をしたいんです。きょうだいと言ってもいいんですけどね。まぁでも、いとこのほうがなんかいいじゃないですか。寒い夜にちょうどいいし、体が温まる鍋ですよ。

もしも少人数だったら木綿か焼き豆腐どちらかにしてもいいんですけど、厚揚げだけは省かないでください。それぞれ1丁ずつ用意して、厚揚げは湯でサッと洗って表面を竹串でプツプツ刺して八つに切ります。木綿豆腐と焼き豆腐も同じように切ります。

あとね、大根おろしを1カップ用意してください。大根おろしのこと、みぞれって言うんです。だから「みぞれ煮」。私の故郷の大阪では大きなカブがあるから、カブをすりおろして作るの。とっても美味しいです。

このほかには、あんまりいろいろ入れないの。でも、野菜食べたいから水菜を入れます。1/2わは5〜6センチの長さに切っておきます。もっと野菜が食べたいと言う人は、副菜に春菊のおひたしを作って食べてください。いや、まあ入れたかったら入れていいけども、ちょっと違うんだなぁ。

土鍋に濃いめの出汁3カップ、淡口醬油、酒、各大さじ1、塩小さじ1/2を放り込んで火にかけます。この分量、多めなんです。二人分だから出汁2カップ、四人分だから4カップというのは足りません。

フツフツフツ……煮立ってきたら厚揚げ、木綿豆腐、焼き豆腐を入れます。火傷しないように、チャポリン、チャポリン入れていきます。フツフツしたところに入れるのが美味しいんだけど、自分には危ないなと思ったら最初から入れて煮立てても、よしとしましょう。

豆腐の中まで十分アツアツになってきたと思ったら、水菜と大根おろしを入れて、フツフツするまで煮てできあがり。みぞれの大根おろしが温かくなるようにしてね。

薬味には細ねぎの刻んだのとか、柚子のひとひらなんかいいです。

七味を入れてハフハフと食べるのが父の大好物だったんです。あ、懐かしいな。

いとこ豆腐のみぞれ煮

2人分

【材料】　厚揚げ　1枚
木綿豆腐　1/2～1丁
焼き豆腐　1/2～1丁
水菜　1/2わ
煮汁　出汁（濃いめ）　3カップ
淡口醤油　大さじ1
酒　大さじ1
塩　小さじ1/2
大根おろし　1カップ

【作り方】　①厚揚げは湯でサッと洗い、竹串で表面をプツプツと刺してから8つくらいに切る。
②木綿豆腐と焼き豆腐はザブッと洗って厚揚げと同様に切る。
③水菜は5～6cmの長さに切る。
④土鍋に煮汁の材料を入れて火にかけ、フツフツしてきたら厚揚げと豆腐を加え、中がアツアツになるまで弱火で煮る。
⑤十分に煮えたら、水菜と大根おろしをところどころにのせ、再びフツフツするまで煮て火を止める。細ねぎや柚子（分量外）を薬味にして食べる。

内弟子ノート3

画期的な茹で方

「茹でる」、と一言で言っても、茹でるものによって湯の量が違うんです。たっぷりの湯、呼び水程度の湯……どの湯の量で茹でれば美味しくなるのか、素材によっていろいろ。師匠が常識を覆したと言われている五つを紹介しますね。

●枝豆

かつて師匠がエッセイにも書いていますが、実は燕三条に仕事で出かけた折、ある会社の社長さんから教わった方法。本当はお名前を書きたいところですが、師匠がいつも「枝豆社長さん」と呼んでいたものですから、私は名前を存じ上げず、すみません。

枝からさやをはずして、鍋に入れて水1カップと塩小さじ1を混ぜ混ぜ。蓋をして強めの火にかけ5分茹で、一度天地を返すように全体を混ぜたら1〜2分茹でるだけ。一つ食べてみて美味しければOK。まだ硬いなと思えばあと1〜2分茹でる。収穫したて、買ってきたばかりの枝豆ならこの水の量でちょうどいいはず。水が足りなくなったら少し足して。そう、ポイントは水と塩の量。茹であがりに水分がなくなる、つまり「多すぎない水加減がコツ中のコツ」だと、その枝豆社長さんの演説が師匠に伝染。画期的な茹で方として、キッチンスタジオの定番となったのです。ただし、秋に出てくる茶豆は豆が大きいので、最初に6〜7分茹でないといけません。地方では大きなセイロで枝ごと蒸したりしていますので、やはりたくさんの湯で茹でるのは水っぽくなって美味しくないのだと思います。

●とうもろこし

そもそも、収穫したてのとうもろこしは生でも食べられるそうな。もしやこれは！　と、火の入れ方を応用したところ、「そのまま鍋に入らないなら、皮を剝いて二つに折って入れる」方法を開発。本当に少ない水の量で、手軽にできるんです。

とうもろこし2本に対し、水1カップ、塩小さじ1を加えて蓋をし、中火にかける。沸騰したら弱めの中火にし、5分ほど茹でて裏返し、さらに1～2分茹でる。色も綺麗だし、水っぽさもない。

左：ほうれん草などの葉ものはたっぷりの湯
右：枝豆、ブロッコリーなどはヒタヒタでOK

●ブロッコリーやカリフラワーなどの蕾《つぼみ》野菜

これまたグラグラの湯で茹でる必要はないんです。ブロッコリー1/2株

に対して水は1|2カップあれば十分なんですよ。

水気を切ったブロッコリーを鍋に入れて、塩を三本指でパラパラとひとつまみ入れる。水を入れたら強めの中火にかける。フツフツしてきますね。固茹でが好きなら3分ほど、5分もあればほどよく茹だります。あとはザルに引き上げ、自然に水気を切ります。茹でたあと水に取っている人を見かけるけれど、そうしないほうが絶対美味しい。

●竹の子

時短で有名なカツ代さんとは思えないほどの茹で時間と水量。なぜかと言うと、「美味しい」が大事な着地点なので、絶品の茹で方をします。

竹の子はまず新聞紙を敷いて、ごっつい皮に縦に切り目を入れて、くるくると皮を剝きます。一番大きな鍋に竹の子を入れ、かぶるくらいの水を入れます。香りがよくなるので赤唐辛子を1本、えぐみ抜きにあれば米ぬかを一握り、なければ米を大さじ1、もったいなければ水だけでもかまわない。

すぐ吹きこぼれるので、落とし蓋があればして、なければ蓋を少しずらして中火にかける。フツフツしてきたら火を弱めるのですが、ここからなんと90〜120分茹でます！　湯はつねにたっぷりがいいので、何回でも水を足す。しっかり、ゆっくり茹でたら、今度は冷たくて綺麗な水に一晩さらす。中までなかなか冷たくならないので、何度も途中で水を替えたり、夜中はポタポタと水を落として、つねに水が落ちる状態にしておきます。

あとは好きに料理。保存は冷蔵庫で、毎日水は替えて3〜4日以内に使い切ります。師匠は竹の子好きなので、どうせ茹でるならと、まとめて2〜3本茹でていました。本当に絶品ですよ。

●キャベツ、いんげん、きぬさや、オクラ

本当にすぐ火の通る野菜で、灰汁がまったくないものは、もう茹でるというのでなく、何か違う言葉をつくりたいくらいなもんです。「呼び水」ならぬ、「呼び湯」で十分です。

例えばキャベツは４～５枚刻んで鍋に入れ、水大さじ２くらいを入れて蓋をして、中火にかけフツフツしてきたらひと混ぜ。２～３分でほどよく火が通ります。

いんげん、きぬさや、オクラなども、同様のやり方で、あっという間に茹で上がります。

ちょっと一杯。酒の肴

さらすだけでよし
茹で豚とウドの酢味噌

シャキシャキとした歯ごたえ
生のウドの食感がいいの

ウドはセロリの日本版みたいなものです。香りが強く、私は好き。一月をすぎると、フキとかウド、三つ葉やセリといった香りのあるもの……新芽が美味しくなってきますね。シャキシャキとした生のウドの歯ごたえがいい、ちょっとサラダみたいな「茹で豚とウドの酢味噌」を作りましょう。

ウドは1本、200グラムを4~5センチの長さに切って皮をぐるりと厚く剥きます。皮は皮できんぴらにすると美味しい。

そして、皮を剥いた白いウドは薄切りにして、水に10分くらいさらします。それから水気を切っておいてください。

で、その間に湯をグラグラ沸かしておきます。

豚バラ薄切り肉、しゃぶしゃぶ用のでもいいですから、100グラム用意します。これを、グラグラ沸かしておいた熱湯でサッとシャブシャブしてザルにあげておきます。

さあ、酢味噌を作ります。すり鉢がなければボウルでもいいから、白味噌小さじ2、砂糖小さじ1、塩小さじ1/4、練り辛子小さじ1/2、醤油小さじ1、米酢大さじ1、サラダ油大さじ1をガーッとかき混ぜますね。味噌は何でもいいんだけど、白味噌じゃない人は醤油を省いてもいい。私、練り辛子が好きだから利かせちゃう。サラダ油は控えめでもいいですよ。これね、私なりの隠し味。酢味噌が硬かったらみりんをちょっと入れて伸ばしてみてください。

そしたら器にウドと豚肉を盛りつけて、酢味噌をかけて食べます。小さい器にちょっと入れてもいいし、私は皿に盛ってたくさん食べたい（笑）。

もし、生のウドが苦手なら、茹でてもいいんです。美味しいと思いますよ。ウドは年末からお正月にかけて出る、白くてまっすぐなものと、春先に出回る丈の短い山ウドがあります。どちらでも作れますが、山ウドのほうが香りが強いのが特徴。ウドの穂先は捨てずに精進揚げや天ぷらにすると美味しくて、皮は太めに切ってきんぴらにすると美味しい常備菜になります。

茹で豚とウドの酢味噌

2人分

【材料】　ウド　1本（200g）
豚バラ薄切り肉　100g
酢味噌
- 白味噌　小さじ2
- 砂糖　小さじ1
- 塩　小さじ1/4
- 練り辛子　小さじ1/2
- 醤油　小さじ1
- 米酢　大さじ1
- サラダ油　大さじ1

【作り方】
①ウドは4～5cm長さに切って皮を剝き、薄切りにする。すぐに水に10分さらして水気を切る。
②豚肉は食べよい長さに切り、熱湯でサッと茹でて火を通し、引き上げる。ウドを茹でる場合は同じ湯で好みの硬さに茹で、ザルにあげる。
③酢味噌の材料を混ぜ合わせる。
④器にウドと豚肉を盛りつけ、酢味噌をかけて食べる。

とろーっとかけた色合い
青柳とわけぎのぬた

和えると水気が出てきちゃう
いい濃さで食べる

「ぬた」ってどこからきた言葉なのかしら。青柳は千葉県の青柳が名前の由来みたい。それと、わけぎ。細ねぎじゃないのよ。大阪の人はわかると思うけど、年配の人だけかしらね。謎をまとった、「青柳とわけぎのぬた」っていうのを作ります。

青柳は刺身用に薄く並んでるようなのでいいですから、1パック、100グラムを用意します。50グラムでもいい。青柳がなければ赤貝でもいいけど、赤貝のほうが上等ね。マグロの赤身でもいいし、貝も魚もなければ油揚げでもいい。

青柳は酢水でササッと洗って水気を拭いておきます。酢水は、水1/2カップくらいに酢大さじ1〜2を入れた水のこと。この酢は米酢じゃなくていい。

わけぎは1わ、二人分だとちょっと多いんですけど、私いっぱい作りたいの。美味しいから。で、熱湯でサッと茹でるんだけど、なるべく長いまま茹でてほしいの。鍋に入る長さに切ってください。

茹でるとき、わけぎの根っこの硬いほうからボンボコボンボコ放り込んでいってください。根っこのほうは水っぽくなるでしょ。それが一つのとろみになって美味しいときもあるの。で、1、2、3、と3秒数えたらコロリンと1回ひっくり返す。また3秒数えてちょうどいいわって思ったら引き上げて、ザルに広げて冷ます。決して水に放たないで。

酢味噌を作ります。ボウルに、溶き辛子小さじ1/2、味噌大さじ1、みりん、砂糖、米酢、各大さじ1/2を入れ、よく混ぜておきます。

そしたら青柳とわけぎを本当は和えるんですけど、和えて置いておくと水気がいっぱい出てきちゃって味を濃くしなきゃいけなくなるから、そうはしない。

茹でたわけぎは冷めたら醤油小さじ1を振って、軽く絞って3センチくらいの長さに切ります。小鉢に青柳とわけぎを盛りつけて、さっき作った酢味噌をかける。食べる人がちょいちょいと自分で和えて食べるわけ。混ぜたけりゃ和えたのを盛りつけてもいいし、そのほうが親切かもしれないけど、青柳とわけぎにとろーっとかけた酢味噌の色合いが綺麗なのよね。

青柳とわけぎのぬた

2人分

【材料】　青柳　100g
わけぎ　1わ
醤油　小さじ1
酢水　酢　小さじ2
　　　水　大さじ2
酢味噌　溶き辛子　小さじ1/2〜1
　　　　味噌　大さじ1
　　　　みりん　大さじ1/2
　　　　砂糖　大さじ1/2
　　　　米酢　大さじ1/2

【作り方】
①わけぎは鍋に入る長さに切り、熱湯でサッと茹で、ザルに広げて冷ます。
②冷めたわけぎに醤油を振って軽く絞り、3cm長さに切る。
③青柳は酢水でササッと洗って水気を拭く。
④ボウルに酢味噌の調味料を合わせてよく混ぜる。
⑤器にわけぎと青柳を盛りつける。酢味噌をかけ、和えながら食べる。

炒め加減はフフフフフ

空豆とエビの炒め物

だいたい10秒そのままにして
底から混ぜ合わせる

空豆大嫌いという人、結構私のまわりにいる。空豆の難点って、真綿みたいなフワフワしたのがついていて、面倒に思えるからかしら？　さやから豆を出して、また薄皮がついてるけど、薄皮はね、爪楊枝か竹串か何かでピッと疵《きず》をつけるとかして剝くと、ツルンツルンと剝けてずっと楽なの。空豆を使った料理も本当に簡単。

空豆はさやつきで350グラム用意します。いま書いたみたいに薄皮を剝いておきます。この料理では茹でないから、空豆をまた二つにパカッと割ります。茹でてって言うとね、必ずと言っていいほどみんな茹ですぎちゃう。もし茹でたかったら、熱湯にチャポンと入れてすぐ引き上げる。それくらいにしておいて。エビは、蒸しエビとか茹でたエビが売っているので、それを買ってくる。エビ10尾は殻を剝いて、大きければ二つに切ってください。生のエビしかなかったら、背ワタを取って殻ごと茹でて皮を剝く。そのほうが色はずっと綺麗。どっちのエビも水気を拭いておきます。

卵は二人分で2個、もし四人分作りたかったら2〜3個ね。パッと割って雑にチャカチャカチャカチャカッて混ぜておく。

アツアツにしたフライパンにサラダ油をピャッピャッと大さじ1/2回し入れます。油は多めのほうがいいんです。そんなね、大さじいくらで太るとかヘチマとか言う人がいるけどね、もうそんなみみっちい人は好きにしてくれていいから。そして油が熱くなったら空豆を入れて炒めます。全体を炒め混ぜるときは両手で2本の木べらを持って、シャッシャッシャッシャッと持ち上げるようにすると炒めやすい。空豆の緑が鮮やかになったら、サラダ油大さじ1/2を足して、そこへエビと酒も入れて一所懸命シャッシャッシャッシャッ……炒めます。

エビがアツアツになってきたら、塩、こしょうをバババッと振って、そこへ卵をパアッとかける。すぐに混ぜたりいじったりしない。フフフフって5回くらいニコニコして。これでだいたい10秒なの。そしたら底から混ぜ合わせてできあがり。

空豆の緑色と、エビの朱色が綺麗なおかずです。

空豆とエビの炒め物

2人分

【材料】　空豆（さやつき）　350g
蒸しエビ　10尾
卵　2個
サラダ油　大さじ1
酒　小さじ1
塩　小さじ1/2
こしょう　少々

【作り方】
①空豆はさやから出して薄皮を剝く。
②エビは殻を剝き、大きいものは2つに切る。
③卵はざっと雑な感じで溶いておく。
④フライパンにサラダ油大さじ1/2を熱して、空豆を入れ、塩小さじ1/4を振って、中火で焼くように炒める。蓋をすると早い。
⑤空豆の緑が濃く鮮やかになったら、サラダ油大さじ1/2を足し、エビを広げ入れて酒を加え中火で炒める。
⑥エビがアツアツになったら、味をみて塩小さじ1/4、こしょうで味を調える。
⑦最後に溶き卵を流し、10くらい数えたら、全体を炒め合わせ、卵に火が通ったら火を止めて器に盛りつける。

イカはイカンの？
タコとオクラのピリ辛

タコの代わりにイカでも可
これまたビールにいい

暑くなるとビールが美味しくなる。この「タコとオクラのピリ辛」はとっても合いますよ。

茹でダコ、今は日本だけじゃなくて遠いお国からいらっしゃったのが茹でて売っていて、よその国のタコのほうが多いかも。どこの方でもいいですからね、足のほうを150グラム、だいたい1本ぐらい用意します。一度綺麗に洗って、5ミリくらいの厚さに薄切りにしてください。

それでオクラはだいたい8〜10本がネットの小さい袋に入って売ってますね。

あれを1パック全部使います。オクラを洗うときの一番楽な方法、知ってます？ネットに入ってるオクラに限ってなんだけれどね、あのネットの袋に入れたまま、シャカシャカシャカシャカ、ネットで洗うと手にオクラのトゲトゲしてる産毛が当たらないし綺麗に洗えるの。これは無精なんじゃないのよ、より一層綺麗に洗える方法なの。

そしたらオクラは切らずにヘタがついたまんま、塩を入れた熱湯でサッと茹でてください。普段は私、水にはさらさないんだけど、この料理ではあんまりネバネバさせたくないから、ジャッと水に取ってすぐザルにあげて水気を切ります。オクラを切るのはこれからなの。ヘタを切り落として、斜めに二〜三つぐらいに切ります。

青じそは5〜10枚、好きなだけドバッと入れていい。縦半分に切ってから1センチ幅に切ります。

ボウルに豆板醤小さじ1/4、醤油、酢、各小さじ1を入れてジャカジャカ混ぜます。辛いのが大好きな人は豆板醬を小さじ1/2にしてください。これ、酢が決め手です。

ここにタコ、オクラ、青じその順に入れていってください。ちょっとだけ濃い味にしたほうがビールに合って美味しいの。

「タコの代わりにイカはイカンのですか?」と、イカがイカほどあるのか知りませんが、たまに聞かれるんです。よくね、このたぐいの駄洒落を言うと、毎回、子どもたちはジロリ、助手たちは聞こえないふりをするのね。一人だけ、金魚というニックネームの助手だけが「面白い!」って言ってくれるの。やさしいでしょ。さて、答えはイカがかと申しますと、茹でたイカで作っても美味しいです。ビールにもいいです。

タコとオクラのピリ辛

2人分

【材料】　茹でダコの足　1本（150g）
オクラ　1袋（8～10本）
青じそ　5～10枚
A　｛豆板醤　小さじ1/4～1/2
醤油　小さじ1～2
酢　小さじ1～2

【作り方】　①タコは斜めに5mm厚さの薄切りにする。
②オクラは塩（分量外）を加えた熱湯でサッと茹でる。すぐに冷水にとって水気を切り、ヘタを切り落として斜めに2～3つに切る。
③青じそは縦半分に切って、1cm幅くらいに切る。
④ボウルにAを混ぜ、タコ、オクラ、青じその順に加えて混ぜる。

焼く方法はいくつかある

手羽先の塩焼き

どの方法を選んだとしても
皮がきつね色になるぐらいに焼く

お財布が寂しい。そんなときでも美味しい料理を食べましょう。「手羽先の塩焼き」をお教えします。

手羽先、すっごく安く売ってるの。コラーゲンがいっぱいでゼラチン質だから健康にもいいし、骨もスポッと外れて食べやすいんですよ。よく居酒屋のメニューにあるけど、家で作る人はあんまりいないんですよ。揚げるという人はたまにいて、暑い季節にはあまりしたくないけれど、ビールに合って美味しいので、夏に食べたいことが多いのね。オーブンとか魚焼きグリルでできますから。

手羽先は6本、関節から先を切り落として、塩をパパパッと振ります。その皮のほう、表というか表面にすりおろしたにんにくを手で塗るの。このとき、いっぱい塗りすぎないようにするのがコツ。なぜかと言うと、焦げついちゃうから。そしてこしょうもパパパッと振ります。あれば粗挽きこしょうがいい。

それでね、焼く方法がいくつかあります。

一つはオーブンで焼く方法。天板を水で濡らして、にんにくのついている皮のほうって言いたいところなんだけれど、よく見ると全部皮なのね。表面を上にして並べて200度で15分くらい焼きます。

もう一つは魚焼きグリルで焼く方法。これもにんにくのついてるほうを上にして並べて、中火で10分くらい焼きます。

そして、フライパンでも焼けます。熱したフライパンにサラダ油でも何でも、好きな油をちょっとだけ引いて焼く。この方法のときは、にんにくがついたほうから焼かないでください。焦げついちゃうから。裏返して中まで火を通します。

どの方法で焼いたとしても、忘れてならない大事なことは、冷蔵庫から出したての肉を焼かないこと。30分くらい出しておいて、常温にしてから焼きはじめる。皮はきつね色になるぐらい焼いて。こんがりパリッとしたらできあがり。付け合わせには人参やセロリの千切りをうわっと言うほど添えると合う。トマトもいい。レモンをキューッと絞って食べると美味しいです。にんにくが好きな人は焼いたあとに、しつこくすりおろしにんにくをつけてもいい。食べるとき、醤油をピッピピッピッと振ると、白いご飯のおかずにもなる。

「手羽先の塩焼き」は、作りすぎても大丈夫。残ったらカレーにするの。あとね、手羽先の関節から切り落とした先っちょで、スープなどを取るといいですよ。

手羽先の塩焼き

2人分

【材料】　鶏手羽先　6本
にんにく（すりおろし）1/2かけ
塩　小さじ1/2弱
粗挽きこしょう　小さじ1/2
レモン　2切れ

【作り方】
①手羽先は関節から先を落とし、塩を全体にパパパッと振り、表っぽい皮側ににんにくを塗り、こしょうを均一に振る。
②オーブンの天板を水で濡らし、にんにくの付いている鶏肉の皮のほうを上にして並べ、200度で15分ほど焼く。魚焼きグリルの場合は、中火で10分ほど焼く。
③こんがりパリッと焼けたら、器に盛りつけ、好みの野菜（分量外）を添える。レモンを絞って食べる。

揉まない。混ぜる

きゅうりの梅干し漬け

ほんのちょっとだけキュキュッ
ササッと混ぜ、密閉容器にギュー

すごく素朴なものをお教えします。梅干しときゅうりと青じそがあればいいの。あとは季節によってミョウガがあれば入れちゃう。でも、梅干しときゅうりだけでもいいんです。

梅干しは大1個を、果肉をざっとほぐして種は外します。

きゅうりは3本、薄い輪切りにしてください。薄切りが苦手な人はスライサーがあるでしょ、あれでシュッシュッシュッシュッとやってもいい。早いしね。ボウルに入れておいてください。きゅうり3本に対して梅干し大1個なんだけど、もしきゅうりが余るから4本にしたいっていうときでも1個でいいです。

青じそは5枚、縦に2〜3等分に切ってから細切りにします。青じその灰汁が出るのが嫌だったら、ちょっと水に放ってもいいけど、放つと味がちょっと薄くなるから、そのまんま入れる。

ミョウガは縦二つに切って、斜め薄切りにする。そしたらきゅうりを入れたボウルに、梅干し、青じそ、ミョウガを入れて全体をササササッと軽く混ぜます。揉まない。混ぜるの。よく混ぜるのと揉むのとは全然違うのね。それに、今の野菜はあんまり揉んじゃダメ。きゅうりの味が以前とは違う。もちろん昔ながらのきゅうりもいっぱいあるけど。今のきゅうり、揉むとブチュブチュあぶくが出てきちゃうんです。

5分くらい置いてから、ほんのちょっとだけキュキュッと握るように、ちょっとだけ揉むようにして、味をみてください。味が薄いなと思ったら、ほんのちょっと塩をピリッと振って、ササッと混ぜる。そして、小さめの密閉容器にギューッと詰めてパチンと押さえつけるように蓋をする。これがコツなの。あとは冷蔵庫に入れておくだけ。昼に漬ければ夜に美味しく食べられるし、翌日も美味しい。その次の日にも美味しい。

食べるときにごまなんか振ってもいいし、それから同じベースで大根やキャベツを漬け込んでもいい。

お茶漬けにも合いますが、そうめんにすっごく合うんですよ。蒸し暑い夏になると、これがまぁ美味しくさわやかで、毎日のように食べたいんです。

きゅうりの梅干し漬け

作りやすい分量

【材料】　梅干し　大１個
きゅうり　３本
青じそ　５枚
ミョウガ　１個
塩　小さじ1/8

【作り方】　①梅干しは果肉を大きくほぐし、種は外す。
②きゅうりは薄い輪切りにして、ボウルに入れる。青じそは縦２～３等分に切ってから、細切りにする。ミョウガは縦２つに切り、斜め薄切りにする。
③②にほぐした梅干し、青じそ、ミョウガを入れて全体を軽く混ぜる。
④５分くらい置いてから全体を混ぜ、味をみる。味が薄いなと思えば塩を振って、ササッと混ぜる。
⑤清潔な密閉容器に、④をギュウギュウに詰め、押さえつけるように蓋をする。

縫うように刺すべし

豚肉のヒラヒラ串焼き

串物をフライパンで美味しく

意外な工夫は肉でできる

息子が幼稚園の頃、友達にシゲ君っていう子がいて、あまり食べない子だったんですけど、近所の店の焼きトンだけは食べるというので、お土産に買ってきてくださったことがあるの。うちの息子の食べ方に、「普通の子どもはこれだけ食べるんですか」って言われて……並外れてよく食べる子だったのでね、返事に困ったことがある。それで美味しいなぁって思ったんですけど、家ではなかなかできない。炭火とか遠赤外線なんてないし、それじゃフライパンで、とやってみたら硬くなるんですよ。だから私、工夫をしたの。このやり方だと美味しくできる。

まず竹串は水でサッと濡らす。竹串が乾いたままだと、焼けたあと、食べるときに肉が抜けにくいからね。

豚肉は、普通の薄切り肉でいい。ももやロースの脂のあんまりないところ。肩ロースだと脂が多すぎる。このヒラヒラ串焼きは薄切りですることろにコツがあるわけ。早く火が通るし、とても食べやすくなるの。しゃぶしゃぶ用の超薄切りはダメ。それで、1串につき薄切り肉を1枚刺していくんだけど、どう書けばいいのかしら、こういうカーブ……ヒラヒラと串で肉を縫うようにするの。

肉だけじゃなく野菜も食べたいので、ぶつ切りにした長ねぎを串に3～4個ずつ刺しておきます。玉ねぎでもいいし、オクラとかピーマンも美味しい。

そしたらフライパンを熱して、サラダ油を引いて両面よーく焼いて、火が通ったらできあがり。野菜はほどよい硬さになるまで焼く。フライパンの中で塩、こしょうは振らない。

食べるときに塩、こしょうを全体にパラパラ振る。私は塩だけのほうが好き。

レモンを絞ったり七味唐辛子を振っても美味しい。

これはおかずにはならないのね。ビールだわね。でも、丼物になるわ。温かいご飯の上に串をシュッと抜いた豚肉をのっけて、照り焼きみたいな甘辛だれをピヨーッとかけて粉山椒を振る。こうやって食べてもすごく美味しい。

串物って食べやすいんだけど、一方ですっごく危ない。昔、縦にして転んだ子どもの事故があったの。よく子どもに食べさせるとき、無防備に「はいっ」って渡すけど、必ず横から食べるってことを是非食卓で教えておいてほしいんです。

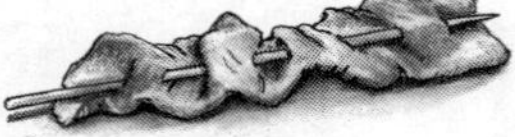

竹串を縫うように
通してから
ヒラヒラと伸ばす

豚肉のヒラヒラ串焼き

2人分

【材料】　豚薄切り肉　6枚（150〜200g）
長ねぎ　1本
塩　小さじ1/4くらい
サラダ油　小さじ1

【作り方】　①竹串6本は水でサッと濡らす。豚肉は1枚を竹串に、2cmくらいの間隔で縫うように刺していく。
②長ねぎは2cm長さのぶつ切りにして、串に3〜4個ずつ刺す。
③フライパンを中火で熱し、油を引いて、肉とねぎを並べて焼く。肉は火を通し、長ねぎはほどよい加減まで焼く。
④器に盛りつけて、塩を全体に振る。

絶対に出汁
ミョウガと茄子のワーッと煮
そして淡口醬油がいい
色が綺麗にできます

旬のものって、もうどうしようかと思うぐらい安いときがあるじゃないですか。ミョウガなんて、雨後の竹の子のように出回るときがある。庭や畑にもういっぱい出てきたというご近所さんから「食べて〜」と、たくさんいただいちゃったり。「ミョウガと茄子のワーッと煮」というのを作りたいと思います。

ミョウガは5本、綺麗に洗ってから縦二〜四つに切ってください。間に泥がついていることがあるから、切ったあと水の中でシャゴシャゴシャゴと洗ってほしいんです。

茄子は200グラム、普通の大きさなら3本ぐらい用意します。いろんな種類の茄子があって、大きさもいろいろ。地方によっては普通の茄子3本分もありそうな、長～いのもあったりします。で、ミョウガの旬は秋なんだけど、この時期の茄子は皮が硬いので薄くピーラーなどで剝きます。ヘタは先に切り落としてくださいよ。皮を剝いた茄子は縦4等分に切る。で、塩水に浸けておくのね。

これには出汁がほしいの。なんでミョウガと茄子を煮るだけで出汁がいるのかって思うかもしれないけど、絶対出汁がいいです。鰹出汁なんかいいですね。昆布とまでは言いません。

鍋に出汁2カップ、酒、淡口醬油、各大さじ1を入れて火にかけ、フツフツフツと煮立てます。これは淡口醬油がいい。色が綺麗にできます。フツフツフツしたところへ、茄子、ミョウガをビャッと入れるの。そして蓋をしたら、思いのほか長く煮てほしいの。強めの中火で10分か15分煮てください。煮えたら蓋をしたまま火を止め、そのまま冷めるまで放っておく。アツアツも美味しいけど、冷めたらもっと美味しい。煮含めたものですからね。

この料理は副菜なんですけど、肉や魚を入れてもいい。なまり節を手で裂いて入れても美味しい。そのときは味をみながら調味料を足してください。甘くしたかったらみりんを加えてもいい。

ミョウガと茄子のワーッと煮

2人分

【材料】　茄子　3本（200g）
ミョウガ　5本
煮汁　出汁　2カップ
酒　大さじ1
淡口醤油　大さじ1

【作り方】　①茄子はヘタを切り落として、ピーラーで薄く皮を剝き、縦4等分に切る。塩水（海水より薄め。水3カップに塩小さじ2くらい）に5分浸け、水気を切る。
②ミョウガは縦2〜4つに切る。
③鍋に出汁、酒、淡口醤油を入れて火にかけ、フツフツしてきたら茄子、ミョウガを入れ、蓋をして強めの中火で10〜15分煮る。
④蓋をして火を止め、そのまま冷めるまで煮汁につけておく。

滋味の不思議

鶏キャベツのねぎだれ

簡単な料理ほど自然の味
その滋味が出てくる

私、料理教室をやっているんですけど、当日の天気によって突然メニューを変えるのよ。その日によって美味しいものを作ろうと思って。ある冬の寒い日にこの「鶏キャベツのねぎだれ」を作ったら大好評でね。しかも、ものすごく簡単です。でもね、私、思うんですけど、簡単な料理ほど自然の味、その滋味が出てくるのね。

鶏は胸肉250グラム、だいたい1枚を用意します。胸肉、ものすごくヘルシーですね。そぎ切りにして塩小さじ1/2をパラパラッとして、酒大さじ2をチャラチャラッとかけておきます。これが下味。

キャベツは葉っぱ6枚を大きめの一口大にちぎる。長ねぎは2本ぐらいほしい。1本は縦に十文字の切り目を入れてから、5〜6センチの長さにブッツブッツと切ってください。これが美味しさのコツ。あとでもう1本でねぎだれを作ります。

豆腐は木綿豆腐がいいね。1丁を奴に切る。「奴に切る」っていうのは、1丁を縦二つに切ってから、さらに2〜3センチ幅の四角に切ること。

そして、きのこは好きなものを好きなだけ。しめじ、エリンギ。舞茸はちょっと汁が濁りますけど、味はいいのでお好みで。

土鍋にスープの材料を入れていきます。出汁1・5カップ、チキンスープ1・5カップ。チキンスープは市販の粉末みたいなのでいいです。1対1の割合で、和と洋のコラボスープにするわけ。ここに15センチくらいの昆布、酒大さじ2、淡口醤油大さじ1を入れます。薄い味だなぁっていうくらいにしてください。火にかけてフツフツしてきたら、そこへ下味をつけた鶏胸肉、キャベツ、長ねぎ、木綿豆腐、きのこをボンボン入れるわけ。

具材が煮える間にねぎだれを作ります。長ねぎは1本分ぐらい、粗めのみじん切りにして。さっき鍋に入れた長ねぎの半端なところがあれば、それも細かく刻みます。それで、醤油、酢、各大さじ3、酒小さじ1を合わせて、そこへ長ねぎも合わせる。

具材に火が通ってきたら、このねぎだれにつけて食べる。これが美味しいの。七味とか薬味を加えたいと思うかもしれないけど、今回はこれだけで食べてほしいの。滋味を味わってください。

鶏キャベツのねぎだれ

2人分

【材料】
鶏胸肉　1枚（250 g）
塩　小さじ1/2
酒　大さじ2
キャベツ　6枚
好きなきのこ（しめじ、エリンギなど）
長ねぎ　2本
木綿豆腐　1丁
スープ
- 出汁　1.5カップ
- チキンスープ　1.5カップ
- 昆布　15 cm
- 酒　大さじ2
- 淡口醤油　大さじ1

A
- 醤油　大さじ3
- 酢　大さじ3
- 酒　小さじ1

【作り方】
①キャベツは大きめの一口大にちぎる。長ねぎ1本分は縦十文字に切り目を入れてから5～6 cm長さに切る。豆腐は奴に切る。
②ねぎだれを作る。もう1本の長ねぎを粗めのみじん切りにする。Aを合わせ、そこに刻んだ長ねぎを加えて和える。
③鶏肉は繊維に沿って、そぎ切りにする。均一に塩を振り、酒を振りかけておく。
④土鍋にスープの材料を入れて火にかける。フツフツしてきたら具材を入れ、火が通ったら、ねぎだれで食べる。

水に放たない、絞らない

菜の花と鮪のワサビ和え

絞りすぎると繊維が断たれる
ザルで水気を飛ばしておく

ちょっとした小鉢をお教えします。私はたっぷり食べちゃうけどね。

菜の花は1/2わ、根元の硬いところを1センチ切り落として、2〜3センチの長さに切る。で、軸側と葉のほうに分けておいてください。そして茹でるんだけど、菜の花は水に放たないでザルにあげるだけのほうが美味しい。

日本料理のお店なんかでは、色止めするために茹でたらすぐ水にチャポンって入れるんですけど、冷ますのに早めに茹でておいて、絞らないのが一番美味しい。青菜は絞りすぎるとね、中の繊維が断たれて美味しくなくなるの。ザルで水気をピャッピャッと飛ばしておくのがいい。

茹で方なんですけど、下の軸と葉っぱのほうと分けて入れる。塩を入れた熱湯に、まず軸のほうを入れるでしょ。ひと息ついてから葉のほうを入れて、綺麗な色になったらザルに広げて冷ます。ほんの数分で茹で上がります。私、水から茹でてみたことがあるの。意外なことにそんなに変わらないのね。だけど、熱湯に入れるほうが色は綺麗です。

お刺身で食べられる鮪《まぐろ》は150グラム用意します。もうスーパーでも魚屋さんでも、閉店頃に飛び込んで安くなってるのを使えばいいのよ。鮪がなかったら鰹でもいいよ。赤身の魚がなかったら、イカでもいい……。

水気を拭いて、2センチ角くらいにチャッチャッと切ってね。ブツ切りに切ってあるのを買ってきてもいいんですよ。

ボウルにワサビ小さじ1/2、醤油大さじ1を入れ、混ぜてください。ちょっと濃いめに。そして鮪を和えてから、菜の花を入れてササッと和える。菜の花は完全に冷めたのを入れてね。

これをご飯の上にのっけて食べるとまた美味しいの。食べすぎるくらい。

ワサビじゃなくて辛子でもいいんだけど、当たり前すぎるの。「菜の花の辛子和え」ってあるでしょ？　もし、ワサビがなくて辛子ならあるっていうときは、ちょっとだけ砂糖を入れるんですよ。すると、辛子の辛さがピャッと引き立つの。

でもやっぱり、ワサビで作って食べてもらいたいなァ。

菜の花と鮪のワサビ和え

2人分

【材料】　菜の花　1/2わ（120〜150g）

鮪　150g

A　ワサビ　小さじ1/2〜1
　　醤油　大さじ1

【作り方】　①菜の花は根元の硬い部分を1cm切り落とし、2〜3cm長さに切る。軸と葉に分けておく。

②塩（分量外）を加えた熱湯に、菜の花を軸、葉の順に時間差をつけて入れて茹でる。

③ほどよく茹であげたら、ザルに広げて冷ます。

④鮪は水気を拭いて、2cm角くらいに切る。

⑤ボウルにAを混ぜ合わせ、④の鮪を和えてから、菜の花を加えてササッと和える。

「茹で」と「焼き」の贅沢

炒め竹の子のおかか和え

ずっと炒めていないで、じっとする

焦げ目をつけたいの

竹の子って、スーパーでも八百屋さんでも、茹でてあるのが売ってるけど、でも、自分で茹でると絶品。私のやり方を別のページ（「画期的な茹で方」205ページをご覧ください）で紹介していますから、是非やってみてほしいの。かける時間と水量にびっくり驚いてしまうかもしれませんが、自分で茹でた竹の子は、刺身みたいにワサビ醤油で食べてもいいし、どうやって食べても実に美味しい。で、そんなふうに時間をかけて茹でた、宝のような竹の子で「炒め竹の子のおかか和え」というのを作ります。もちろん、八百屋さんが茹でてくれたのを使ってもいいですから。

茹でた竹の子は200グラム、一口大の乱切りにします。切ったあとでもう一度洗って、よく水気を拭いておきます。

フライパンか中華鍋を熱してごま油大さじ1を入れたら、竹の子をジャッと入れる。それで炒めるんだけど、ずっと炒めていないで、じっとするの。焼きつける感じね。焦げ目をつけたいの。このときにね、ダイエットなんて言ってチビッとしかごま油を使わないと、この料理の美味しさがまったく発揮されないから、大さじ1はきちんと使ってほしい。あとね、竹の子は、美味しいからと言って、調子にのって食べすぎると、翌日顔にブツブツと吹き出物が出ることがあるの。排毒とかデトックスと言えば聞こえはいいかもしれないけれど、やっぱりほどよい量を食べるというのは大切。

色づいてきたら、アツアツのうちに醤油小さじ2を回しかけます。そうするとウワッと焦げそうになるから、すぐに火を止めます。

そして削り節を加えます。小さいパックで個装してる、1パック4~5グラムほどの安い削り節があるでしょ、それでいいから1パックをパッとかけて和える。器に盛りつけて、もし木の芽があったらのせて。薬味は山椒でも粉山椒でも、七味かなんかを振ってもいいですよ。味が足りなければ、食べるときに醤油をピャッとかけて食べてください。

炒め竹の子のおかか和え

2人分

【材料】　茹でた竹の子　200ｇ
ごま油　大さじ１
醤油　小さじ２
削り節　１袋（４ｇ）

【作り方】　①茹でた竹の子は縦半分に切ってから洗い、一口大の乱切りにして、もう一度洗って水気をよく拭く。
②フライパンを熱し、ごま油をなじませ、竹の子を全体に広げて焼きつけるように炒める。
③焼き色がついてきたら、醤油を回しかけ、すぐに火を止める。
④削り節を加えて和える。器に盛りつけ、あれば木の芽（分量外）をのせる。

＊本書は未発表原稿をもとに再構成し、小林カツ代氏の内弟子である家庭料理家の本田明子氏のご協力を得て刊行いたしました。

小林《こばやし》カツ代《よ》の
きょうも食《た》べたいおかず

二〇一八年 五 月一〇日 初版印刷
二〇一八年 五 月二〇日 初版発行

著　者 小林《こばやし》カツ代《よ》
発行者 小野寺優
発行所 株式会社河出書房新社
〒一五一-〇〇五一
東京都渋谷区千駄ヶ谷二-三二-二
電話〇三-三四〇四-八六一一（編集）
〇三-三四〇四-一二〇一（営業）
http://www.kawade.co.jp/

ロゴ・表紙デザイン 粟津潔
本文フォーマット 佐々木暁
本文組版 株式会社創都
印刷・製本 中央精版印刷株式会社

Printed in Japan ISBN978-4-309-41608-3

おなかがすく話

小林カツ代　41350-1

著者が若き日に綴った、レシピ研究、買物癖、外食とのつきあい方、移り変わる食材との対話――。食への好奇心がみずみずしくきらめく、抱腹絶倒のエッセイ四十九篇に、後日談とレシピをあらたに収録。

小林カツ代のおかず道場

小林カツ代　41484-3

著者がラジオや料理教室、講演会などで語った料理の作り方の部分を選りすぐりで文章化。「調味料はピャーとはかる」「ぬるいうちにドドドド」など、独特のカツ代節とともに送るエッセイ＆レシピ74篇。

巴里の空の下オムレツのにおいは流れる

石井好子　41093-7

下宿先のマダムが作ったバタたっぷりのオムレツ、レビュの仕事仲間と夜食に食べた熱々のグラティネ――一九五〇年代のパリ暮らしと思い出深い料理の数々を軽やかに歌うように綴った、料理エッセイの元祖。

東京の空の下オムレツのにおいは流れる

石井好子　41099-9

ベストセラーとなった『巴里の空の下オムレツのにおいは流れる』の姉妹篇。大切な家族や友人との食卓、旅などについて、ユーモラスに、洒落っ気たっぷりに描く。

早起きのブレックファースト

堀井和子　41234-4

一日をすっきりとはじめるための朝食、そのテーブルをひき立てる銀のポットやガラスの器、旅先での骨董ハンティング…大好きなものたちが日常を豊かな時間に変える極上のイラスト＆フォトエッセイ。

映画を食べる

池波正太郎　40713-5

映画通・食通で知られる〈鬼平犯科帳〉の著者による映画エッセイ集の、初めての文庫化。幼い頃のチャンバラ、無声映画の思い出から、フェリーニ、ニューシネマ、古今東西の名画の数々を味わい尽くす。

著訳者名の後の数字はISBNコードです。頭に「978-4-309」を付け、お近くの書店にてご注文下さい。